D0919608

SCIENCE STUDENTS' GUIDE TO THE GERMAN LANGUAGE

SCIENCE STUDENTS' GUIDE TO THE GERMAN LANGUAGE

BY

A. F. CUNNINGHAM, M.A.

LONDON
OXFORD UNIVERSITY PRESS
1958

Oxford University Press, Amen House, London E.C.4

GLASGOW NEW YORK TORONTO MELBOURNE WELLINGTON
BOMBAY CALCUTTA MADRAS KARACHI KUALA LUMPUR
CAPE TOWN IBADAN NAIROBI ACCRA

PRINTED IN GREAT BRITAIN

FOREWORD

THE appearance of another German grammar for science students calls for some justification. Despite the excellence of many such existing works no two teachers have precisely the same teaching technique or share the same views as to the degree of detail and emphasis required. This book, accordingly, is an attempt to present my own teaching method which has evolved over the years. In it I have also endeavoured to keep before me the legitimate difficulties which, with unfailing regularity, confront each batch of new students and which require careful and detailed explanation. Cases in point are *sentence construction* and the use of the *participial phrase*.

All too often in a textbook of this kind isolated sentences illustrating these and other grammatical points not only give the impression of having been composed by the author but also fail to present the full picture. As a consequence the student is given a false impression of the intricacies of the German language. In order to avoid such over-simplification I have throughout the Grammar Section used only carefully chosen sentences from current scientific writings and have endeavoured to make the illustrations as comprehensive as possible.

In the Grammar Section passages for translation have, in the main, been taken from the fields of Chemistry and Physics, the basic sciences. In the section labelled 'Readings' I have borne in mind the particular needs of my own students who are drawn from a wider field.

I have provided neither footnotes nor a vocabulary. Experience of the former has taught me that they are mainly used by the student as a substitute for thought, while the latter merely postpones his learning to handle a dictionary effectively. As few science students are familiar with the use of a dictionary I have appended a brief section on this subject.

I should like to express my gratitude to my present and former students from whose mistakes and difficulties I have profited greatly.

Finally I should also like to thank my colleagues Dr. H. G. Bray and Dr. W. V. Thorpe, both of the Department of Physiology,

v

The Medical School, Birmingham University, for having read the manuscript and for the many helpful suggestions they made. For any inaccuracies or inadequacies I alone am responsible.

A. F. CUNNINGHAM

Department of German
The University
Birmingham
July 1957

CONTENTS

vii

READINGS

MATHEMATICS

ENGINEERING

BACTERIOLOGY

PHYSICS

ACKNOWLEDGEMENTS

PERMISSION has been received from the following publishers or editors to quote from the works cited. The Publisher gratefully acknowledges their co-operation and apologizes to any others who may have been omitted owing to the difficulty of communicating with them.

Akademische Verlagsgesellschaft, MBH, Frankfort-on-Main (South): *Zeitschrift für Physikalische Chemie.*

Athenäum–Verlag, Bonn: *Geschichte der Physik* by Prof. v. Laue.

Birkhäuser Verlag, Basle: *Experientia.*

F. A. Brockhaus, Wiesbaden: *Der Große Brockhaus* (*Bakterien*), Vol. I, 1952; *Der Große Brockhaus* (*Mathematik*), Vol. VII, 1955.

Butzon und Bercker, Kevelaer: *Berckers Kleine Bibliothek*, Nos. 1012 and 1026.

Deutsche Geologische Gesellschaft, Hanover: *Zeitschrift der Deutschen Geologischen Gesellschaft* (Editor: Dr. Friedrich Kühne).

Erdkunde (Editor: Prof. Carl Troll, Bonn).

Ferdinand Enke Verlag, Stuttgart: Kayser–Brinkmann, *Abriß der Geologie.*

Franckh'sche Verlagshandlung W. Keller und Co., Stuttgart: Römpp, *Chemie des Alltags* and *Chemische Experimente, die gelingen.*

Frankfurter Hefte Verlag, Frankfort-on-Main: *Frankfurter Hefte.*

Walter de Gruyter and Co., Berlin: *Sammlung Göschen*, Vols. 37, 474, and 1109; and extracts from the periodical *Erde.*

Schweizerischer Elektrotechnischer Verein: *Bulletin des Schweizerischen Elektrotechnischen Vereins*, Zürich.

Springer Verlag, Berlin, Göttingen, Heidelberg: *Die Naturwissenschaften* and *Analytische Chemie.*

Umschau Verlag, Frankfort-on-Main: *Die Umschau in Wissenschaft und Technik.*

VDI–Verlag G.m.b.H., Düsseldorf: *VDI Zeitschrift.*

Verlag Chemie G.m.b.H., Weinheim–Bergstrasse: *Chemische Berichte.*

Wepf und Co., Basle: Cadisch, *Geologie der Schweizer Alpen.*

Zentralblatt für Bakteriologie, Parasitenkunde und Infektionskrankheiten (Co-editor: Dr. C. Stapp, Brunswick).

I

PRONUNCIATION

§ 1. The Alphabet

THE letters of the German alphabet are the same as in English, with the exception that 'c' and 'y' are not so common; 'c' is usually replaced by 'k', and 'y' only occurs in words of Greek origin.

§ 2. Rules for the Pronunciation of German

(a) Standard German is pronounced phonetically, hence personal idiosyncrasies and the confusing variety of pronunciation for the same symbol, one of the difficulties met with by the foreigner learning English, do not arise.

(b) Apart from the medial or final 'h' there are no silent letters.

(c) Every word is pronounced as it is spelt.

(d) Every syllable must be articulated, even a short unstressed one. Final '-e' is never silent as in English. It has the sound of final English 'a' as in 'sofa'.

(d) The Glottal Stop is the name given to a pause before a German word or syllable beginning with a vowel. Hence a final consonant of one word and the initial vowel of the next cannot be run together as in French and English.

§ 3. Word Stress or Accent

(a) In simple words the accent usually falls on the first syllable, e.g. eine lánge Sítzung.

(b) As an inseparable prefix is always unstressed the accent falls on the second, i.e. the root syllable, e.g. ein berühmter Geléhrte.

(c) In compound words the accent usually falls on the first component, e.g. die einzelnen Gásteilchen. This does not necessarily mean on the first syllable, e.g. die Zerstréuungslinsen [see (b) above].

(d) Words of foreign origin retain their original stress.

§ 4. Consonants

Consonants are pronounced very much as in English, apart from the following exceptions:

(*a*) *German*   *English*

German	English		
j	y	ja	yes
s (initial and medial)	z	so	design
s, ß (final)	s (ss)	Haß	ass
v	f	vier	four
w	v	Wasser	very
z	ts	Zug	rats

r   may be guttural, as often heard in French, or rolled as in Scottish. It is always clearly articulated and hence bears no resemblance to the 'r' heard in southern English.

(*b*) **b**, **d**, and **g** are pronounced like **p**, **t**, and **k** if they are in the final position, otherwise as in English.

(*c*) -**ch** after a, o, u, and au is pronounced like the Scottish -ch in 'loch', e.g. Tuch; after all other vowels and consonants like the exaggerated initial sound in the name Hugh, e.g. nicht, Chemie.

(*d*) The pronunciation of the following combination of letters should be noticed:

German	English
-chs	-x
kn (k never silent)	
pf (letters pronounced separately)	
qu	kv
sch	sh
sp- (initially; also at the begin-	shp
ning of root syllable in com-	
st- pound word)	sht
th-	t
-tion	-tsion

The ß sign

In certain positions the sound which corresponds to English 'ss' is represented by 'ß'. Although scientific works are now printed in Roman type in Germany this sign, taken from German type, has been retained. For that reason it will be used throughout this book in preference to 'ss' or 'sz' frequently found in German books published abroad and which Germans consider inaccurate.

§ 5. Vowels

German vowels are all pure sounds such as are heard in Scotland and northern England. *They must not be pronounced as diphthongs.* Hence their pronunciation can only be described approximately. In the following table of German sounds the nearest English equivalents are given, except in the case of long 'e' and the 'ü' for which there are no approximate equivalents in English.

German vowels are long or short. They are long if followed by one consonant, by an 'h', or by another vowel. They are short if followed by two or more consonants, or occur in an unaccented syllable.

a	long	as 'a' in 'father'	Wagen
	short	as 'a' in N.Eng. 'ban'	dann
e	long	as French 'é' in 'été'	kleben
	short	as 'e' in 'west'	es
i	long	as 'ee' in 'been'	ihn
	short	as 'i' in 'tin'	Zinn
o	long	as 'o' in N.Eng. 'sole'	oben
	short	as 'o' in 'got'	voll
u	long	as 'oo' in 'boot'	Kugel
	short	as 'u' in 'pull'	Pult

§ 6. Diphthongs

au	as 'ow' in 'now'	blau
ai	as 'ei' in 'height'	Saite
ei		heiß
eu	as 'oy' in 'boy'	neu
äu		Säure
ie	as 'e' in 'she'	sie

§ 7. Modified Vowels

The modification sign or Umlaut (¨), now two dots, which can be put over the vowels a, o, and u and the a in the diphthong au, was originally an 'e'. Accordingly, its effect is to alter the original vowel by mixing it with an 'e'.

ä	long	as 'a' in 'fare'	ähnlich
	short	as 'e' in 'glen'	glänzend
ö	long	nearest to 'u' in 'hurt'	hören
	short	as 'u' in 'bluff'	öffnen

3

ü	long	as 'u' in French 'ruse'	früher
	short	as 'u' in French 'russe'	Flüssigkeit

The letter 'y' is usually pronounced like the long 'ü'
Hypotenuse, Analyse.

II

GENDER OF NOUNS

§ 8. In English, nouns have what is termed a natural gender, that is, a noun that is clearly male (e.g. king) is said to be masculine gender, one denoting a female is feminine, while inanimate objects are regarded as neuter. This natural distinction is not shown in the definite or indefinite articles but only in the personal pronouns (he, she, it) and in the corresponding possessive adjectives.

In German, however, every noun has a *grammatical* gender, either masculine, feminine, or neuter, which does not necessarily correspond to its natural gender. The grammatical gender is clearly indicated by the different forms for the definite article.

Thus:

      der Tisch (the table)   masculine
      die Zeitung (the newspaper)   feminine
      das Mädchen (the girl)   neuter

It is necessary to know the gender of German nouns. This cannot be over-emphasized; as will later be seen the case system, which is based on gender, plays an important part in understanding a German text. *Always learn a new German noun with its appropriate definite article.*

§ 9. Although there are exceptions to almost all the following rules for determining gender they do, however, form a useful basis.

Always MASCULINE:

1. all nouns denoting the naturally male:
   der Sohn, der Assistent;
2. all nouns ending in -ling:
   der Jüngling (*youth*), der Feigling (*coward*):
3. days, months, seasons (definite article must always be used):
   der Freitag, der April, der Sommer;
4. points of the compass:
   der Norden, der Osten;

4

5. stones:
   der Stein, der Quarz, der Diamant;
6. nouns ending in -er or -ler indicating male agent:
   der Briefträger (*postman*), der Wissenschaftler (*scientist*).

§ 10. FEMININE:

1. most nouns denoting the naturally female:
   die Frau (*woman*), die Tochter (*daughter*);
   Exceptions: das Weib (*woman, wife*), das Fräulein (*Miss, young lady*), das Mädchen (*girl*);
2. all nouns ending in -in (this suffix is added to the masculine form to make the female counterpart):
   die Lehrerin (*woman teacher*), die Ärztin (*woman doctor*);
3. all nouns, many of which are abstracts, ending in -ei, -heit, -keit, -schaft, and -ung:
   die Wissenschaft (*science*);
4. many nouns ending in -e. This group also contains many abstracts:
   die Linse (*lens*), die Stunde (*hour*);
   exceptions: (*a*) a small group of nouns denoting the naturally male, i.e. der Löwe (*lion*);
   (*b*) a few neuters, i.e. das Ende (*end*), das Auge (*eye*);
   (*c*) a small group of collective nouns beginning with Ge- and ending in -e are also neuter, e.g. das Gemenge (*mixture*);
5. all nouns having the following foreign endings:
   -ek -ie -ik -tät -tion -ur.

§ 11. NEUTER

1. All nouns with the diminutive endings -chen or -lein regardless of what the natural gender is:
   das Mädchen, das Bächlein (*little brook*);
2. all nouns of foreign origin ending in -eum, -ium, -io, -o:
   das Museum, das Laboratorium, das Radio, das Auto;
3. the letters of the alphabet;
4. verbal nouns, i.e. those formed from the infinitive:
   das Autofahren ist ermüdend—*driving a car is tiring* (*lit. the car-driving*).

5

§ 12. *Note.* Some nouns have two genders with a corresponding difference in meaning, e.g.:

der Band (*volume of a work*)	das Band (*ribbon, string, ligament*)
der Erbe (*heir*)	das Erbe (*inheritance*)
der Flur (*entrance hall*)	die Flur (*fields*)
der Gehalt (*contents*)	das Gehalt (*salary*)
der Heide (*heathen*)	die Heide (*heath*)
der Hut (*hat*)	die Hut (*care, protection*)
der Kiefer (*jaw*)	die Kiefer (*pine*)
der Kunde (*customer*)	die Kunde (*announcement*)
der Leiter (*conductor of electricity*, &c., *leader, manager*)	die Leiter (*ladder*)
der Mangel (*shortage*)	die Mangel (*mangle*)
die Mark (*mark* = 1s. 8d.)	der Rückenmark (*spinal cord*)
der Schutzschild (*shield*)	das Aushängeschild (*signboard*)
die Einkommensteuer (*income tax*)	das Schiffssteuer (*helm*)
der Verdienst (*earnings*)	das Verdienst (*services*)

§ 13. GENDER OF COMPOUND WORDS

The gender of compound words is determined by the gender of the final component, e.g.:

Ergänzungsband; the first component—Ergänzung—is feminine, the second—Band—is masculine. Hence—**der** Ergänzungsband (*supplementary volume*).

Give the gender and English of the following:

d— Mathematiker; d— Struktur; d— Chemie; d— Universität; d— Säure; d— Lösung; d— Geschwindigkeit; d— Laboratorium; d— Hörsaal; d— Element; d— Reaktion; d— Studentin; d— Stück; d— Eigenschaft; d— Wasser; d— Wasserstoff; d— Verunreinigung; d— Dampf; d— Rolle; d— Rauch; d— Zeit; d— Vorgang; d— Gas; d— Temperatur; d— Körper; d— Metall; d— Tatsache; d— Luft; d— Verdunsten; d— Flüssigkeit; d— Versuch; d— Experiment; d— Verfahren; d— Flasche; d— Gewicht; d— Erklärung; d— Mittel; d— Pulver; d— Glasröhre; d— Wasserstand; d— Stunde; d— Technik; d— Schlauch; d— Flämmchen; d— Einzelheit; d— Filter; d— Probe; d— Ölbad; d— Zwischenraum; d— Loch.

III
DECLENSION OF THE ARTICLES

§ 14. As we have seen, the definite article *der* indicates a masculine noun, *die* a feminine and *das* a neuter.

In addition to distinguishing between nouns on the basis of grammatical gender a further distinction is made according to case, i.e. according to their function in a sentence. This change in function, or *declension* as it is called, is in the main less clearly seen in the nouns themselves than in the articles or other qualifying words. Mastery of the patterns which they follow is inescapable; the only satisfactory method is to learn them by heart right at the outset.

There are four cases:

Nominative	indicates	the subject of a verb
Accusative	,,	,, direct object
Genitive	,,	possession
Dative	,,	the indirect object

§ 15. Declension of the Definite Article

	Singular		Plural for all three genders
Masc.	Fem.	Neut.	
N. d— er	d— ie	d— as	d— ie
A. d— en	d— ie	d— as	d— ie
G. d— es	d— er	d— es	d— er
D. d— em	d— er	d— em	d— en

§ 16. The *demonstrative pronouns* are declined in the same way as the definite articles. They are:

	Singular			Plural for all three genders
Masc.	Fem.	Neut.		
dieser	diese	dieses	*this*	diese
jeder	jede	jedes	*each*	alle
jener	jene	jenes	*that*	jene
mancher	manche	manches	*many a*	manche
solcher	solche	solches	*such a*	solche
welcher	welche	welches	*which*	welche

§ 17. Also the interrogative—wer?, wen?, wes (sen)?, wem? *who?*

§ 18. DECLENSION OF THE INDEFINITE ARTICLE

Singular			No plural
Masc.	*Fem.*	*Neut.*	
N. ein	ein -e	ein	
A. ein -en	ein -e	ein	
G. ein -es	ein -er	ein -es	
D. ein -em	ein -er	ein -em	

§ 19. *Possessive adjectives* are declined like the *indefinite article in the singular* and like the *definite article in the plural:*

Singular			Plural for all three genders	
Masc.	*Fem.*	*Neut.*		
mein	meine	mein	meine	*my*
sein	seine	sein	seine	*his, its*
ihr	ihre	ihr	ihre	*her, its*
unser	unsere	unser	unsere	*our*
Ihr	Ihre	Ihr	Ihre	*your*
ihr	ihre	ihr	ihre	*their*
also kein	keine	kein	keine	*no, not a, not any*

which is used as follows:

Dieser Student hat kein Mikroskop.
This student has no microscope.

§ 20. DECLENSION OF POSSESSIVE ADJECTIVE

Singular			Plural for all three genders
Masc.	*Fem.*	*Neut.*	
N. unser	unser -e	unser	unser -e
A. unser -en	unser -e	unser	unser -e
G. unser -es	unser -er	unser -es	unser -er
D. unser -em	unser -er	unser em	unser -en

8

§ 21. Declension of Personal Pronouns

Singular

	1st	2nd	3rd		
Nom.	ich *I*	du *thou*	er *he*	sie *she*	es
Acc.	mich	dich	ihn	sie	es
Gen.	meiner	deiner	seiner	ihrer	seiner
Dat.	mir	dir	ihm	ihr	ihm

(2nd singular du/dich/deiner/dir bracketed) *

Plural

	1st	2nd	3rd	
Nom.	wir *we*	ihr *ye*	Sie *you*	sie *they*
Acc.	uns	euch	Sie	sie
Gen.	unser	euer	Ihrer	ihrer
Dat.	uns	euch	Ihnen	ihnen

(2nd plural ihr/euch/euer/euch bracketed) *

§ 22. Indefinite Pronouns

The indefinite pronouns are:

man (*one*), jemand (*someone*), niemand (*no one*), jedermann (*every one*), etwas, or the abbreviated form 'was' (*something*), nichts (*nothing*).

man, jemand, niemand, and jedermann are declined as follows:

N.	man	jemand	niemand	jedermann	
A.	einen	jemand(en)†	niemand(en)†	jedermann	*No plural*
G.	eines	jemandes	niemandes	jedermanns	
D.	einem	jemand(em)†	niemand(em)†	jedermann	

† Optional endings.

* 'du' and 'ihr' are the familiar forms. Their English counterparts *thou* and *ye* are still found in Biblical language, in poetry, and *thou* in certain dialects, otherwise *you* is used, corresponding to the German polite form 'Sie'. In German the familiar form is still used not only in Biblical language and poetry, but also to address members of one's family, very close friends, children and animals, and frequently appears in hortatory notices connected with election and other campaigns. The familiar forms are not likely to occur in scientific texts.

As in English the personal pronouns vary according to number and case. Since German nouns have grammatical rather than natural gender, the 3rd person singular pronouns 'er' (*he*) and 'sie' (*she*) can also mean *it* when referring to an inanimate object which has masculine or feminine gender.

The genitive forms occur only with certain old-fashioned verbs which are followed by the genitive case, as, for example:

Sie erbarmte sich *seiner*. *She took pity on him.*

The corresponding possessive adjective and reflexive pronoun are *sein, seine, sein*, and *sich* respectively.

man is used very frequently in German, particularly in scientific literature, and is often best translated by the English passive, e.g. (see § 76):

> Man füllt in ein großes Reagenzglas eine Mischung aus folgenden feinpulverisierten Bestandteilen: 89 Teile Eisenfeilspäne, 10 Teile Kaliumchlorat und 1 Teil Kupfervitriol oder Eisenvitriol. Dann gießt man noch etwas Wasser über die Mischung und steckt ein Thermometer hinein.

A finely powdered mixture made up as follows is put into a large test-tube: 89 parts of iron filings, 10 parts of potassium chlorate and 1 part of copper sulphate or ferrous sulphate. A little water is then poured on to the mixture and a thermometer put into it.

etwas and *nichts* are indeclinable. They are often used with an adjective, which is written with a capital letter, e.g.

> Gibt es etwas Neues? *Is there any news?*
> Wir wissen nichts Näheres darüber. *We have no further details about it.*

Supply the correct endings and translate:

D— Sauerstoff ist e— Element; — ist auch e— Gas. D— Eisen ist auch e— Element, aber — ist k— Gas. Dies— Flasche enthält e — Lösung von Salzsäure. Wir machten gestern e— Versuch im Laboratorium. — dauerte sehr lang, aber war sehr interessant. D— Professor zeigte (us) heute morgen e— neue Methode. — war (to me) völlig unbekannt, aber m— Freund hat (it) in — Schule (dat.) gehabt. Dies— Flasche hat e— Glasstöpsel, denn — enthält Anilin. Anilin ist e— gefährliche Flüssigkeit. Auch d— längere Einatmen ist schädlich. (Its) Siedepunkt ist etwa 180 Grad.

Feuer ohne Streichholz

Man mischt in e— offenen Schale (dat.) e— kleine Messerspitze Kaliumchloratpulver und ebenso viel gestoßenen Zucker. Man gibt sodann d— Mischung auf e— Asbestplatte (acc.), e— Blech oder e— andere feuerfeste Unterlage. Dann gibt man mit e— Glasstab (dat.) oder e— Glasröhre e— Tropfen konzentrierte

Schwefelsäure darauf. D— Mischung beginnt sofort nach d— Auffallen (dat.) d— Schwefelsäuretropfens (gen.) zu spritzen. Man schützt daher d— Gesicht während d— Auftropfens (gen.). D— Reaktion dauert nur wenige Sekunden; es entsteht e— sehr helles. zischendes Feuer, und e— weiße Rauchwolke schwebt darüber. D— Rückstand besteht aus heißen, rußigen, verkohlten Massen: d— schneeweiße Zucker enthält viel schwarzen Kohlenstoff.

IV

DECLENSION OF NOUNS

§ 23. SINGULAR

APART from knowing the gender of a noun it is also necessary to know how it is declined, i.e. what endings, if any, are added to the nominative singular to form the other cases. The rules for the singular are very simple:

1. *Feminine nouns do not alter.*

2. *The so-called weak masculine nouns,* i.e. masculine nouns ending in -e, or those which had an -e at one time, and foreign masculine nouns with the accent on the last syllable, add -*n* or -*en* to the nominative singular for all cases in the singular (also the plural, see § 37).

3. *With all other masculine nouns and all neuter nouns,*

(*a*) the accusative singular is always the same as the nominative singular.

(*b*) The genitive singular adds -*s* if the noun is a polysyllable (i.e. has more than one syllable) and -*s* or -*es* if a monosyllable. In the standard language -*es* is more frequently used than in colloquial German, but it is not possible to lay down a hard-and-fast rule as euphony is often a determining factor.

(*c*) The dative of monosyllabic nouns may end in -e. Whether it is added again depends on euphony. Certain nouns, however, occurring in fixed phrases always add -*e*, others do not.

4. *In compound nouns only the final component is declined.*

	Monosyllabic	Polysyllabic	Weak masculines	
Masculine N.	der Stoff	Kolben	Insasse	Astronom
A.	den Stoff	Kolben	Insassen	Astronomen
G.	des Stoff(e)s	Kolbens	Insassen	Astronomen
D.	dem Stoff(e)	Kolben	Insassen	Astronomen
Neuter N.	das Feld	Fenster		
A.	das Feld	Fenster		
G.	des Feldes	Fensters		
D.	dem Felde	Fenster		
Feminine N.	die Tür	Lösung		
A.	die Tür	Lösung		
G.	der Tür	Lösung		
D.	der Tür	Losung		

V

THE AUXILIARIES 'HABEN' AND 'SEIN'

§ 24. 1. In German, as in English, there are only three simple tenses, the Present, Past, and Imperative.

2. German, however, has no continuous tenses such as *I am having*; nor the form *I do have*; they can only be rendered by 'ich habe' (*I have*).

3. Compound tenses in German are formed by the auxiliaries 'haben' (*to have*) and 'sein' (*to be*). A third auxiliary 'werden' (*to become*) is used to form the Future and Conditional tenses and the Passive Voice (see § 72).

4. Both 'haben' and 'sein' are irregular; as they occur constantly they should be memorized.

§ 25. CONJUGATION

    A.   HABEN (infinitive)   (*have*)
            habend (present participle)   (*having*)
            gehabt (past participle)   (*had*)

Indicative

Present tense	Past tense
ich habe *I have, &c.*	ich hatte *I had, &c.*
*du hast	*du hattest
er ⎫	er ⎫
sie ⎬hat	sie ⎬hatte
es ⎭	es ⎭
wir haben	wir hatten
*ihr habt	*ihr hattet
Sie ⎫	Sie ⎫
sie ⎬haben	sie ⎬hatten

Present Perfect	Past Perfect
ich habe gehabt *I have*	ich hatte gehabt *I had*
*du hast „ *had*, &c.	*du hattest „ *had*, &c.
er ⎫	er ⎫
sie ⎬hat „	sie ⎬hatte „
es ⎭	es ⎭
wir haben „	wir hatten „
*ihr habt „	*ihr hattet „
Sie ⎫	Sie ⎫
sie ⎬haben „	sie ⎬hatten „

* These familiar forms are included for the sake of completeness; they will not be referred to again.

The *Present Participle* is not used in German to form tenses but to form adjectives (see Chapter XIX).

The *Perfect Tenses* are used more frequently in German than in English, particularly in conversation and description. Very often a present perfect tense in German is best rendered into English by the simple past tense.

§ 26.   B. SEIN (infinitive)   (*be*)
          seiend (present participle) (*being*)
          gewesen (past participle) (*been*)

Indicative

Present tense	Past tense

ich bin   *I am*, &c.   ich war   *I was*, &c.

er
sie ⎱ ist
es ⎰

wir
Sie ⎱ sind
sie ⎰

er
sie ⎱ war
es ⎰

wir
Sie ⎱ waren
sie ⎰

Present Perfect	Past Perfect

ich bin gewesen *I have been*,   ich war gewesen *I had been*,
       &c.   &c.

er
sie ⎱ ist ,,
es ⎰

wir
Sie ⎱ sind ,,
sie ⎰

er
sie ⎱ war ,,
es ⎰

wir
Sie ⎱ waren ,,
sie ⎰

1. All transitive verbs, i.e. those having a direct object, are conjugated with 'haben'.

2. All intransitive verbs of motion and verbs denoting a permanent change of condition, e.g. 'sterben' *to die*, are conjugated with 'sein'.

Other verbs which do not fall into either of these categories and yet are conjugated with 'sein' are:

bleiben	(*remain*)
erscheinen	(*appear*)
gelingen	(*succeed*)
geschehen	(*happen*)
verschwinden	(*disappear*)
werden	(*become*)

Note that 'sein' is conjugated with itself (cf. *I have been*).

Translate:

(*a*) Hier haben wir das Laboratorium*. Jeder Student hat seinen Platz. Hier habe ich meinen Tisch und darauf habe ich einen Bunsenbrenner, einen Dreifuß, eine Porzellanschale, ein Probierglas und einen Trichter. Ich habe aber kein Filtrierpapier. „Haben Sie ein Stück Filtrierpapier?" „Ja, hier haben Sie es. Ich habe eine Schachtel voll. Hier haben Sie noch etwas, nämlich Lackmuspapier. Sie haben sicher keins.","Sie haben recht. Ich hatte vorgestern auch eine Schachtel voll, aber ich habe sie jetzt nicht mehr." „Was haben Sie da?" „Ich habe hier eine Flasche Salzsäure, und der Student dort hat eine Flasche Schwefelsäure." „Haben Sie ein Streichholz?" „Leider, nein, aber der Assistent hat ein Feuerzeug; es ist sehr praktisch." „Hat der Professor eine Vorlesung jetzt?" „Nein, er hatte eine Vorlesung um 2 Uhr; er hat eine Sitzung jetzt. Er hat eine Fakultätssitzung. Er hat immer viel Arbeit. Früher hatte er nicht so viel zu tun. Er hatte mehr Freizeit." „Wir haben auch wenig Freizeit. Gestern hatten wir eine Prüfung, heute morgen hatten wir keine Minute für uns und der Dozent hat wieder eine Aufgabe für uns.*"

(b) Sind Sie Physiker? Ja, ich bin Physiker, aber mein Freund ist Chemiker. Sein Vater ist auch Chemiker und ist sehr berühmt. Er ist Professor in London. Mein Vater war Arzt, aber er ist schon tot. Hier ist das Laboratorium.* Es ist ganz neu und sehr schön. Die Einrichtung ist auch sehr modern und war sicher sehr teuer. Wo sind die Studenten?* Sie sind nur nachmittags hier; vormittags haben sie Vorlesungen.* Wie sind die Studenten? Der Durchschnitt ist gut und sie sind alle sehr interessiert. Hier ist der Hörsaal für Physik. Er ist besonders geräumig und hell und die Beleuchtung ist ausgezeichnet. Ist das ein Projektionsapparat? Jawohl. Wir haben jeden Freitag eine Filmvorstellung. Der Film als Unterrichtsmethode ist jetzt unentbehrlich. Dieser Apparat ist nicht neu, er ist sogar ziemlich alt und war früher nicht ganz einwandfrei, aber er ist jetzt wieder in Ordnung.

(c) „Haben Sie einen Wagen?" „Jetzt nicht mehr, aber ich habe früher einen gehabt."** „Was für einen Wagen haben Sie gehabt?" „Ich habe zuerst einen Mercedes und dann später einen Volkswagen gehabt." „Wie lange hat Ihr Bruder seinen Wagen gehabt?" „Er hat ihn schon ein Jahr gehabt." „Hat er nicht einen Unfall damit gehabt?" „Ja, und der Wagen ist infolgedessen lange nicht in Ordnung gewesen."

„Wann ist ihre Freundin in Deutschland gewesen?" „Sie ist nicht in Deutschland gewesen, sondern in Frankreich." „Sind Sie nie in Deutschland gewesen?" „Nein, ich bin noch nicht da gewesen. Ich habe nie die Gelegenheit dazu gehabt. Ich habe als Student kein Geld gehabt und jetzt habe ich keine Zeit. Ich bin als Direktor des Instituts immer sehr beschäftigt." „Ihre Stellung

ist sicher sehr interessant aber auch sehr verantwortungsvoll."
„Jawohl, und ich habe noch nie so viel Arbeit gehabt, wie jetzt.
Meine Sekretärin ist lange krank gewesen; sie hat eine Operation
gehabt. Ihre Stellvertreterin ist nicht sehr zuverlässig." „Hat sie
denn keine Ausbildung gehabt?" „Doch, aber sie ist bestimmt sehr
schlecht gewesen."

* If a sentence begins with anything other than the subject, such as with an adverb or an adverbial phrase, the finite verb, i.e. the personal part, precedes the subject. This word order is also found in English, though not to the same extent. Cf. 'Hardly had he spoken. . . .' 'Here's the shop.' (See § 59.)

** The past participle is put at the end of the sentence or clause. (See § 56.)

VI

DECLENSION OF ADJECTIVES

1. Adjectives describe the different characteristics of persons or things, and may be either *predicative* or *attributive*.

2. A predicative adjective is so called because, together with the verb, it forms the predicate. Cf. *The bottle is empty*. A predicative adjective is not declined in German if it is used without a definite or indefinite article.

3. An attributive adjective qualifies a noun and is declined. It comes before the noun from which it takes gender, number and case.

If several attributive adjectives qualify a noun, they must all be declined in the same way.

4. An attributive adjective may be declined according to what is termed either the WEAK, the STRONG, or the MIXED declension, depending on the type of word which precedes it.

5. An adjective is declined according to the WEAK declension if it is preceded by the definite article or one of the demonstrative pronouns:

§ 27. WEAK DECLENSION

Masculine	*Feminine*
N. der kalt **-e** Zug	die lang **-e** Bank
A. den kalt **-en** Zug	die lang **-e** Bank
G. des kalt **-en** Zuges	der lang **-en** Bank
D. dem kalt **-en** Zug(e)	der lang **-en** Bank

Neuter	*Plural for all three genders*
N. das neu -e Silber	die schön -en Wagen
A. das neu -e Silber	die schön -en Wagen
G. des neu -en Silbers	der schön -en Wagen
D. dem neu -en Silber	den schön -en Wagen

6. An adjective is declined according to the STRONG declension if it stands alone or comes after an indeclinable numeral.

The endings of the strong declension are the same as those of 'dieser', 'diese', 'dieses' with the exception of the masculine and neuter genitive which is now **-EN.**

§ 28. STRONG DECLENSION

Masculine	*Feminine*
N. tief -er Schnee	frisch -e Luft
A. tief -en Schnee	frisch -e Luft
G. tief -EN Schnees	frisch -er Luft
D. tief -em Schnee	frisch -er Luft

Neuter	*Plural for all three genders*
N. groß -es Interesse	lang -e Versuche
A. groß -es Interesse	lang -e Versuche
G. groß -EN Interesses	lang -er Versuche
D. groß -em Interesse	lang -en Versuchen

7. An adjective is declined according to the MIXED declension, i.e. strong in the singular and weak in the plural, if it is preceded by the *indefinite article, a possessive, or 'kein'.*

§ 29. MIXED DECLENSION

Masculine	*Feminine*
N. ein berühmt -er Professor	eine schwierig -e Aufgabe
A. einen berühmt -en Professor	eine schwierig -e Aufgabe
G. eines berühmt -en Professors	einer schwierig -en Aufgabe
D. einem berühmt -en Professor	einer schwierig -en Aufgabe

Neuter	*Plural for all three genders*
N. ein scharf -es Messer	meine fleißig -en Studenten
A. ein scharf -es Messer	meine fleißig -en Studenten
G. eines scharf -en Messers	meiner fleißig -en Studenten
D. einem scharf -en Messer	meinen fleißig -en Studenten

VII

VERBS

§ 30. Verbs fall into three main groups:

Weak (sometimes called 'regular').
Strong (sometimes called 'irregular').
Mixed. As the name implies Mixed Verbs show the characteristics of both Weak and Strong Verbs.

§ 31. WEAK VERBS

A Weak Verb is so called because a dental suffix **-te, -ten,** has to be added to the root (which is the infinitive minus *-en* or *-n*) in order to form the past tense. Cf. English *work, worked.*

The past participle of a weak verb ends in **-t.**

Conjugation of a weak verb

zeigen   (infinitive) *to show*
zeigend (present participle) *showing*
gezeigt (past participle) *shown*

Present	*Past*
ich zeige	ich zeigte
er ⎫	er ⎫
sie ⎬ zeigt	sie ⎬ zeigte
es ⎭	es ⎭
wir ⎫	wir ⎫
Sie ⎬ zeigen	Sie ⎬ zeigten
sie ⎭	sie ⎭

Present Perfect	*Past Perfect*
ich habe gezeigt	ich hatte gezeigt
er ⎫	er ⎫
sie ⎬ hat gezeigt	sie ⎬ hatte gezeigt
es ⎭	es ⎭
wir ⎫	wir ⎫
Sie ⎬ haben gezeigt	Sie ⎬ hatten gezeigt
sie ⎭	sie ⎭

Note. Verbs whose roots end in -d, -t, -st, sp, -gn, -chn, -tm have an extra -e- before a -t or -te(n) ending. Thus: regnen (*to rain*): es regnet, es regnete, es hat geregnet; richten (*to direct, aim*): er richtet, er richtete, er hat gerichtet.

atmen (*to breathe*): er atmet, er atmete, er hat geatmet.

Past Participle without the prefix ge-

Two groups of weak verbs form their past participles in the normal way by adding -*t* to the root, but do not have the prefix ge-:

1. Verbs whose infinitives begin with the inseparable prefixes be-, ent-, emp-, er-, ge-, ver-, zer-, miß-, hinter- and wider-: er hat bestellt (*he has ordered*) (see Chap. XIII).

Note. An inseparable prefix is not to be regarded as a sign of a weak verb. Many strong verbs also have inseparable prefixes.

2. All verbs of foreign origin whose infinitives end in -ieren, e.g. studieren (*to study*), isolieren (*to isolate*), infizieren (*to infect*): er hat studiert (*he has studied*).

Absence of the ge- in the Past Participle results in a form identical with the 3rd person singular present tense. Thus zerlegen (*to analyse*): er zerlegt, er hat zerlegt. Cf. English *he taught, he has taught*. For the same reason as in English there can be no confusion as the past participle is always accompanied by an auxiliary.

Note. Verbs not of foreign origin like zieren (*to adorn, embellish*) and schmieren (*to smear, lubricate*) do *not* belong to this group, but form their participle with the prefix ge-.

§ 32. As not all weak verbs can be recognized as such from the infinitive, it is advisable on first meeting a verb to memorize, along with its meaning, whether it belongs to the weak, strong, or mixed conjugation.

Many weak verbs can, however, be recognized by their infinitival endings or root vowels, e.g.

1. Verbs ending in:
   -ern, erwidern (*to reply*), dauern (*to last*), vergrößern (*to enlarge*);
   -eln, abbröckeln (*to crumble*), entwickeln (*to develop*), behandeln (*to treat*);
   -nen, regnen (*to rain*), dehnen (*to stretch*), sich bedienen (*to make use of*);
   -igen, besichtigen (*to inspect*), vernachlässigen (*to neglect*);

-lichen, verheimlichen (*to keep a thing secret*), veröffentlichen (*to publish, to make public*).

2. Verbs with root vowels 'eu' or 'äu':
    bereuen (*to regret*), räumen (*to clear, evacuate*).

§ 33. STRONG VERBS

A strong verb relies on a vowel change within the root to form the past tense and the past participle. This is also common in English, cf. *sing, sang, sung; ride, rode, ridden; bite, bit, bitten.*

The 1st and 3rd person singular have no ending in the past tense; the past participle ends in **-en**.

Important. The principal parts of strong verbs must be memorized. This is not a counsel of perfection but an *essential*, as dictionaries give only the infinitive. The root vowel in the past tense or past participle may be so unlike that of the infinitive that the beginner is often unable to establish what the infinitive is. Memorizing is the shortest, and most painless, way of dealing with strong verbs.

§ 34. LIST OF STRONG VERBS AND THEIR PRINCIPAL PARTS

This list does not contain all the strong verbs; a selection only is given for each of the five main classes.

Unless otherwise indicated, the 3rd person singular present indicative is formed by the root plus **t**, and the perfect tense with the auxiliary 'haben'.

Infinitive	3rd sing. Pres. Indic.	3rd sing. Past Indic.	3rd sing. Pres. Perf.	
		Class IA		
i	i	a	u	
binden	bindet	band	gebunden	*bind*
dringen		drang	ist gedrungen	*penetrate*
finden	findet	fand	gefunden	*find*
gelingen		gelang	ist gelungen	*succeed*
klingen		klang	geklungen	*sound*
schwingen		schwang	geschwungen	*swing, vibrate*
singen		sang	gesungen	*sing*
sinken		sank	ist gesunken	*sink*
springen		sprang	ist gesprungen	*spring, jump*
trinken		trank	getrunken	*drink*
verschwinden	verschwindet	verschwand	ist verschwunden	*disappear*
winden	windet	wand	gewunden	*wind*
zwingen		zwang	gezwungen	*compel*

Infinitive	3rd sing. Pres. Indic.	3rd sing. Past Indic.	3rd sing. Pres. Perf.	

Class IB

i		a	o	
beginnen		begann	begonnen	*begin*
gewinnen		gewann	gewonnen	*obtain*
rinnen		rann	ist geronnen	*run, flow*
schwimmen		schwamm	ist geschwommen	*swim*
sinnen		sann	gesonnen	*meditate*
spinnen		spann	gesponnen	*spin*

Class IC

i or ie	i or ie	a	e	
bitten	bittet	bat	gebeten	*request*
sitzen		saß	gesessen	*sit*
liegen		lag	gelegen	*lie (position)*

Class IIA

ei	ei	i	i	
beissen		biß	gebissen	*bite*
gleichen		glich	geglichen	*resemble*
gleiten	gleitet	glitt	ist geglitten	*glide*
greifen		griff	gegriffen	*seize*
leiden	leidet	litt	gelitten	*suffer*
pfeifen		pfiff	gepfiffen	*whistle*
reissen		riß	gerissen	*tear*
reiten	reitet	ritt	ist geritten	*ride*
schleifen		schliff	geschliffen	*sharpen*
schneiden	schneidet	schnitt	geschnitten	*cut*
schreiten	schreitet	schritt	ist geschritten	*stride*
streichen		strich	gestrichen	*stroke*
streiten	streitet	stritt	gestritten	*quarrel*
weichen		wich	ist gewichen	*yield*

Class IIB

ei	ei	ie	ie	
bleiben		blieb	ist geblieben	*remain*
leihen		lieh	geliehen	*lend*
meiden	meidet	mied	gemieden	*avoid*
reiben		rieb	gerieben	*rub*
scheiden	scheidet	schied	ist geschieden	*separate, depart*
scheinen		schien	geschienen	*seem, shine*
erscheinen		erschien	ist erschienen	*appear*
schreiben		schrieb	geschrieben	*write*
schweigen		schwieg	geschwiegen	*be silent*
steigen		stieg	ist gestiegen	*rise, climb, mount*

Infinitive	3rd sing. Pres. Indic.	3rd sing. Past Indic.	3rd sing. Pres. Perf.	
Class IIB				
ei	ei	ie	ie	
treiben		trieb	getrieben	*drive, propel*
weisen		wies	gewiesen	*show, prove*
verzeihen		verzieh	verziehen	*pardon*
CLASS IIIA				
ie	ie	o	o	
biegen		bog	gebogen	*bend*
bieten	bietet	bot	geboten	*offer*
fliegen		flog	ist geflogen	*fly*
fliehen		floh	ist geflohen	*flee*
fließen		floß	ist geflossen	*flow*
frieren		fror	ist gefroren	*freeze*
gießen		goß	gegossen	*pour*
riechen		roch	gerochen	*smell*
schieben		schob	geschoben	*push, shove*
schießen		schoß	geschossen	*shoot*
schließen		schloß	geschlossen	*close*
verlieren		verlor	verloren	*lose*
wiegen		wog	gewogen	*weigh*
ziehen		zog	hat gezogen	*draw, pull*
			ist gezogen	
Class IIIB				
ü or ö	ü or i	o	o	
betrügen		betrog	betrogen	*deceive*
lügen		log	gelogen	*tell a lie*
erlöschen	erlischt	erlosch	ist erloschen	*become extinguished*
Class IIIC				
e	e or i	o	o	
bewegen		bewog	bewogen	*induce*
heben		hob	gehoben	*raise*
schmelzen	schmilzt	schmolz	ist geschmolzen	*melt*
schwellen	schwillt	schwoll	ist geschwollen	*swell*
Class IVA				
e	i or ie	a	o	
befehlen	befiehlt	befahl	befohlen	*command*
bergen	birgt	barg	geborgen	*hide, shelter*
bersten	birst	barst	geborsten	*burst*
brechen	bricht	brach	gebrochen	*break*
empfehlen	empfiehlt	empfahl	empfohlen	*recommend*
gelten	gilt	galt	gegolten	*be valid, apply to*

Infinitive	3rd sing. Pres. Indic.	3rd sing. Past Indic.	3rd sing. Pres. Perf.	
		Class IVA		
e	i or ie	a	o	
helfen	hilft	half	geholfen	*help*
nehmen	nimmt	nahm	genommen	*take*
sprechen	spricht	sprach	gesprochen	*speak*
stechen	sticht	stach	gestochen	*sting*
stehlen	stiehlt	stahl	gestohlen	*steal*
sterben	stirbt	starb	ist gestorben	*die*
treffen	trifft	traf	getroffen	*meet, hit*
verderben	verdirbt	verdarb	ist verdorben	*spoil, decay*
werfen	wirft	warf	geworfen	*throw*
		Class IVB		
e	i or ie	a	e	
essen	ißt	aß	gegessen	*eat*
fressen	frißt	fraß	gefressen	*eat* (of animals or acids)
geben	gibt	gab	gegeben	*give*
geschehen	geschieht	geschah	ist geschehen	*happen*
lesen	liest	las	gelesen	*read*
messen	mißt	maß	gemessen	*measure*
sehen	sieht	sah	gesehen	*see*
treten	tritt	trat	ist getreten	*tread, step*
vergessen	vergißt	vergaß	vergessen	*forget*
		Class VA		
a	ä or a	u	a	
fahren	fährt	fuhr	ist gefahren	*drive, travel*
graben	gräbt	grub	gegraben	*dig*
laden	ladet (lädt)	lud	geladen	*load*
schaffen	schafft	schuf	geschaffen	*create*
schlagen	schlägt	schlug	geschlagen	*beat, strike*
tragen	trägt	trug	getragen	*carry, wear*
wachsen	wächst	wuchs	ist gewachsen	*grow*
waschen	wäscht	wusch	gewaschen	*wash*
		Class VB		
a	ä	ie or i	a	
blasen	bläst	blies	geblasen	*blow*
fallen	fällt	fiel	ist gefallen	*fall*
fangen	fängt	fing	gefangen	*catch*
halten	hält	hielt	gehalten	*hold*
hangen	hängt	hing	gehangen	*hang*
lassen	läßt	ließ	gelassen	*allow, let*
raten	rät	riet	geraten	*advise, guess*
schlafen	schläft	schlief	geschlafen	*sleep*

Infinitive	3rd sing. Pres. Indic.	3rd sing. Past Indic.	3rd sing. Pres. Perf.	

Class Vc

(Contains a small number of verbs which form their past indicative in -ie- and have the same vowel in the past participle as in the infinitive.)

heißen	heißt	hieß	geheißen	*to be called*
laufen	läuft	lief	ist gelaufen	*run*
rufen	ruft	rief	gerufen	*call*
stoßen	stößt	stieß	gestoßen	*push*

Class Vᴅ

(Common verbs which do not fit into any of the above patterns.)

gehen	geht	ging	ist gegangen	*go*
stehen	steht	stand	gestanden	*stand*
tun	tut	tat	getan	*do*

* 'schaffen' (*work*) and its compounds 'abschaffen' (*abolish*), 'verschaffen' (*procure*), &c., are weak verbs.

§ 35. Mixed Verbs

Certain verbs have the characteristics of both strong and weak verbs. They may be subdivided as follows:

(*a*) Those which change only the root vowel, but form their past tense and past participle in the same way as a weak verb by adding -*te* and -*t* respectively:

brennen	brannte	gebrannt	*burn*
kennen	kannte	gekannt	*know* (*person or thing*)
nennen	nannte	genannt	*name*
rennen	rannte	ist gerannt	*run*
senden ⎫ *	sandte	gesandt	*send*
wenden ⎭	wandte	gewandt	*turn*

* These verbs also have past tenses and past participles formed in accordance with the regular weak conjugation.

(*b*) Those which change both the root vowel and the following consonant, otherwise they have a weak past tense and past participle. Cf. English: *think, thought.*

bringen	*brachte*	gebracht	*bring*
denken	*dachte*	gedacht	*think*

(*c*) The irregular verb 'wissen'.

$$\text{wissen} \quad \left.\begin{matrix}\text{ich}\\\text{er}\end{matrix}\right\} \textit{weiß} \quad \textit{wußte} \quad \textit{gewußt} \quad \text{know (facts)}$$

Note. 'Wissen' is the only verb, apart from 'sein' and the modal auxiliaries, which does not have the normal endings in the singular of the present tense, i.e. -e, -st, -t.

'Wissen' is followed either by a clause introduced by 'daß', 'wo', 'warum', &c., or by 'es', 'alles', 'nichts', 'etwas'.

(*d*) The verb 'mahlen' (*to grind*).
This verb has a weak past tense (mahlte) but a strong past participle (gemahlen).

(*e*) *Verbs with both strong and weak participles*

$$\left.\begin{matrix}\text{salzen, salzte, gesalzt}\\\text{gesalzen}\end{matrix}\right\} \textit{to salt}$$

$$\left.\begin{matrix}\text{spalten, spaltete, gespaltet}\\\text{gespalten}\end{matrix}\right\} \textit{to split}$$

Where the verb has a literal, i.e. causative, meaning, the past participle is weak, where the meaning is figurative and the past participle used as an adjective, it is strong, e.g.

Er hat die Butter gesalzt.
He has salted the butter.
In 'gesalzene Preise' (*salted prices*) 'gesalzene' means *unreasonable.*
Er hat das Holz gespaltet.
He has split the wood.
Die Partei ist gespalten.
The party is split.

(*f*) Verbs with both weak and strong past tenses and past participles.
A full list of such verbs cannot be given here. The student's attention is drawn to the fact that in some instances the verb alters its meaning according to whether it is conjugated like a weak or strong verb.

bewegen	bewegte	bewegt	*move, set in motion*
	bewogen	bewog	*to persuade*
schaffen	schaffte	geschafft	*do*
	schuf	geschaffen	*create*

schleifen	schleifte	geschleift	*drag*
	schliff	geschliffen	*sharpen, polish*
schwellen	schwellte	geschwellt	*swell (with object)*
	schwoll	geschwollen	*swell (get bigger)*
weichen	weichte	geweicht	*soften*
	wich	gewichen	*yield*
wiegen	wiegte	gewiegt	*rock*
	wog	gewogen	*weigh*

Note. As the past tense of a weak verb is easier to form than that of a strong verb all new verbs entering the German language are weak.

Translate:

(*a*) Ein Chemieprofessor aus Deutschland besucht uns. Er besichtigt unser Laboratorium. Wir machen einen Versuch. Er beobachtet uns eine Weile und dann fragt er mich: „Was machen Sie da?" Ich antworte: „Ich versuche diesen Bunsenbrenner zu reparieren, Herr Professor. Der Hahn funktioniert schlecht." Er holt eine Zange, und gleich ist der Hahn in Ordnung. Ich sage ihm: „Danke schön, Herr Professor." Er erwidert: „Bitte," und lächelt. Ich öffne den Hahn und das Gas strömt heraus. Der Versuch ist sehr einfach. Wir machen nämlich eine Leuchtfarbe. Wir brauchen dazu 20 g Kalziumoxyd, 6 g Stangenschwefel, 2 g Stärke, 0,5 g Kaliumsulfat, 0,5 g Natriumsulfat mit 2 ccm einer Lösung 0,5 g Wismutnitrat in 100 ccm Brennspiritus. Mein Freund pulverisiert das Kaliumoxyd, den Stangenschwefel, die Stärke, das Kaliumsulfat und das Natriumsulfat in einer Reibschale. Wir brauchen auch einige Tropfen konz. HCl. Wir verrühren das Ganze in einem Porzellantiegel, setzen eine Porzellanschale darauf und erhitzen es 45 Minuten lang. Später machen wir eine Probe und die Masse leuchtet.

(*b*) Gestern machten wir wieder einen Versuch. Er dauerte nicht sehr lange aber er war besonders lehrreich. Zuerst erklärte uns der Dozent alles sehr genau und dann stellte er eine Frage an mich. Ich hatte die Frage nicht richtig gehört und antwortete nicht sofort. Der Dozent spürte meine Verlegenheit zögerte einen Augenblick und dann wiederholte er seine Frage. Ich antwortete diesmal ausführlich, denn ich hatte das Problem schon studiert. Daraufhin folgte der Versuch. Der Assistent holte ein Stativ mit

Klammer und Ring und auch ein Probierglas. Er hatte das Glas schon gereinigt und getrocknet. Der Dozent spannte das Glas senkrecht in das Stativ. Darunter stellte er ein Gefäß mit Leitungswasser. Er tauchte dann das Probierglas bis zur Mitte in das Wasser. Er füllte das Probierglas etwa 4 Zentimeter hoch mit Schwefelsäure. Er war sehr vorsichtig und benetzte weder die Hand noch den Oberteil das Glases. Hierauf tröpfelte er ebenfalls 4 Zentimeter Brennspiritus auf die Schwefelsäure. Er benutzte eine Pipette dazu. Er setzte die Pipettenmündung wenige Millimeter über die Säure und dadurch verhinderte er eine Mischung beider Flüssigkeiten und infolgedessen auch ihre Erhitzung. Die Trennung dauert manchmal ziemlich lange. Der Dozent erwähnte das beiläufig, aber es interessierte uns nicht. Er bemerkte das auch. Dann steckte er etwa 3 Millimeter Kaliumpermanganat in das Probierglas und wartete. Wir warteten auch; wir waren sehr gespannt. Zuerst bemerkten wir gar nichts, aber bald beobachteten wir Funken zwischen Säure und Spiritus. Diese Funken waren hell und blitzartig. Sie knisterten auch. Das „Blitzen" dauerte etwa eine Viertelstunde.*

(c) Der neue Professor hält heute seine Antrittsvorlesung. Er spricht über die supranationale Zusammenarbeit auf dem Gebiete der Atomenergie-Wirtschaft. Dies gibt uns die Gelegenheit, etwas Näheres darüber zu erfahren, denn dieses Problem ist relativ neu. Bis jetzt haben wir nur davon gelesen. Vor einiger Zeit las ich einen sehr interessanten Artikel über den schädlichen Einfluß des radioaktiven Niederschlags auf den Menschen. Nachher besprach ich den Artikel mit meinem Bruder. Er ist Mediziner und deshalb versteht er die Wirkung viel besser als ich. Er liest Deutsch ohne Schwierigkeit und kennt daher die Fachliteratur Er sagte mir: „Dieser radioaktive Niederschlag heißt auch der radioaktiver Befall." Ich kannte diesen Ausdruck nicht, denn er steht nicht in meinem Wörterbuch. Es ist im Jahre 1930 erschienen, also lange vor der ersten Atombombe. Dieser Bruder fährt oft nach Deutschland. Das erste Mal fuhr er hin, um Deutsch zu lernen; er blieb sechs Monate dort. Zuerst verstand er kein Wort und sprach nur Englisch. Er fand die deutsche Sprache sehr schwer. Später ging er in eine Sprachschule und kam dann sehr schnell vorwärts. Zum Abschied bekam er ein deutsches Buch von

* Adapted from: Chemische Experimente, die gelingen, 1949, S. 91–93, Franckh'sche Verlagshandlung W. Keller and Co., Stuttgart.

seinem Gastgeber. Das gab er mir später, aber es ist inzwischen spurlos verschwunden.

(*d*) Im Jahre 1732 beschrieb ein aufmerksamer Beobachter in Schleswig eine fieberhafte Erkrankung. Er benannte sie die „Eyderstädter Krankheit". Fast zwei Jahrhunderte hindurch blieb die Erkrankung auf ein enges Gebiet in Nordwestdeutschland beschränkt. Dann in den Jahren 1930–1934 fand die Erkrankung eine große Ausbreitung in einer Epidemie auf der Insel Bornholm. Hier erkrankten rund 11 000 Personen. Seit der Zeit heißt sie die „Bornholmer Krankheit". Meist sind Kinder und junge Erwachsene betroffen. Sie führt jedoch nicht zu Lähmungen und verläuft gutartig, auch ohne Behandlung. Erst nach dem 2. Weltkrieg kam es langsam zunehmend zur Ausbreitung und Generalisierung im Jahre 1951.*

VIII

PLURALS OF NOUNS

1. Apart from a few recently borrowed nouns, e.g. Auto, Sofa, &c., -s is never used to form the plural in German. -s is always the sign of the masculine or neuter genitive singular.

2. The nominative, accusative and genitive plural are identical in form.

3. Unless they already end in -n, all nouns add **-n** in the dative plural.

4. The formation of the plural of nouns is determined by the gender, the ending of the nominative singular and the number of syllables. Along with the gender and the genitive singular the beginner should also learn the nominative plural of every new noun.

5. For reference plurals of nouns may be classified as follows:

§ 36. 1st Declension

This includes:

(*a*) *masculine* nouns ending in -*el*, -*en*, -*er*;

(*b*) foreign masculine nouns ending in -*el*, -*er*, e.g. Artikel, Zylinder.

* Adapted from 'Die Bornholmer Krankheit in Deutschland', by Prof. Windorfer, *Die Umschau*, 1955, 3. Heft, p. 65.

Apart from **-n** in the dative they do not add anything in the plural, though some modify the root vowel, e.g.

Apfel, Handel, Mangel, Mantel, Nagel, Sattel, Schnabel, Vogel; Boden, Faden, Garten, Graben, Hafen, Laden, Ofen, Schaden; Acker, Bruder, Hammer, Schwager, Vater.

(*c*) *Neuter* nouns ending in *-el*, *-en*, *-er*, *-chen*, *-lein*, *-sel*, also foreign neuter nouns ending in *-el*, *-en*, *-er*, e.g. Exempel, Zepter. Where necessary they add **-n** in the dative plural, otherwise they do not change.

(*d*) Two feminines, Mutter and Tochter, modify in the plural.

Masculine

Singular		Plural	
N. der Himmel	Vater	die Himmel	Väter
A. den Himmel	Vater	die Himmel	Väter
G. des Himmels	Vaters	der Himmel	Väter
D. dem Himmel	Vater	den Himmel**n**	Väter**n**

Neuter

N. das Mädchen	Exempel	die Mädchen	Exempel
A. das Mädchen	Exempel	die Mädchen	Exempel
G. des Mädchens	Exempels	der Mädchen	Exempel
D. dem Mädchen	Exempel	den Mädchen	Exempel**n**

Singular	Plural
N. die Mutter	die Mütter
A. die Mutter	die Mütter
G. der Mutter	der Mütter
D. der Mutter	den Mütter**n**

§ 37. 2ND DECLENSION

This includes:

(*a*) weak masculine nouns ending in -e or which at one time ended in -e; the former group also covers masculine adjectival nouns indicating nationality, e.g. der Brite, Deutsche, &c.;

(*b*) masculine foreign nouns denoting persons and which end in -d, -e, -k, -p, -st, -t, e.g. Doktorand, Kollege, Katholik, Sozialist, Architekt, &c.;

(*c*) nouns ending in -arch, -graph, -krat, -log, -nom, -soph, e.g. Monarch, Lithograph, Demokrat, Philolog(e), Astronom, Philosoph;

(*d*) certain names of animals and things, e.g. Diamant, Elefant, Konsonant, Quotient, Automat, Komet, Planet.

As nouns belonging to this declension have already added -n or -en in the singular, they add nothing further in the plural.

Note. 'Herr' is irregular; it adds **-n** throughout the singular and **-en** in the plural.

	Singular		*Plural*	
N.	der Deutsche	Astronom	die Deutsche**n**	Astronom**en**
A.	den Deutsche**n**	Astronom**en**	die Deutsche**n**	Astronom**en**
G.	des Deutsche**n**	Astronom**en**	der Deutsche**n**	Astronom**en**
D.	dem Deutsche**n**	Astronom**en**	den Deutsche**n**	Astronom**en**

§ 38. 3RD DECLENSION

This includes:

(*a*) most of the masculine nouns not covered by the 1st and 2nd declensions;

(*b*) practically all the masculine foreign words ending in -l, -n, -r, in particular those with the accent on the final syllable, e.g. Dekán, Sekretár, &c.;

(*c*) nouns belonging to this declension form their plural by adding **-e**.

(*d*) The following also modify the root vowel:

Monosyllabics: Ast, Bach, Ball, Bart, Damm, Dampf, Draht, Fall, Hahn, Hals, Kamm, Pfahl, Platz, Saal (Säle), Satz, Schatz, Schlag, Schrank, Stall, Stamm; Bock, Frost, Kopf, Rock, Ton; Busch, Fluß, Gruß, Stuhl, Sturm, Turm, Wunsch, Zug; Baum, Gaul, Traum, &c.

Disyllabics: Gebrauch, Genuß, Verstoß.

Foreign nouns: General (unmodified form also occurs), Kanal, Palast, Pabst.

(*e*) The following do *not* modify:

Monosyllabics: Aal, Aar, Arm, Grad, Halm, Pfad, Spalt, Tag; Docht, Dolch, Dom, Molch, Mond, Mord, Rost, Stoff, Strolch, Thron; Huf, Hund, Punkt, Ruf, Schluck, Schuh; Bau, Gau, Laut, &c.;

Disyllabics: Gemahl, Amboß, Besuch, Verlust, Versuch.

EXCEPTIONS:

1. The following add **-er** in the plural and modify the vowel if a, o, or u:

   Geist, Leib; Mann, Rand, Wald; Gott; Wurm, Vormund; also Reichtum, Irrtum (Reichtümer, Irrtümer).

2. The following add **-en** in the plural and do not modify:
   der Dorn, Lorbeer, Mast, See (Seen), Sporn, Staat, Strahl, Zins, also the foreign nouns such as der Dóktor, Proféssor, Mótor, which in addition alter the accent, viz. Doktóren, Professóren, Motóren.

§ 39. 4TH DECLENSION

This includes:

(*a*) most feminine nouns;
(*b*) all foreign feminine nouns.

Nouns belonging to this declension form their plural by adding **-n** or **-en**.

They may be subdivided as follows:

(i) *Monosyllabics*: die Art, Bahn, Bank, Bucht, Burg, Fahrt, Flur, Flut, Form, Frau, Frist, Glut, Jagd, Last, Pflicht, Post, Qual, Saat, Schar, Schlacht, Schlucht, Schrift, Schuld, Spur, Stirn, Tat, Tür, Uhr, Wahl, Welt, Zahl, Zeit, &c. All add **-en**.

(ii) *Disyllabics ending in* -*e*: die Achse, Beere, Biene, Blume, Brücke, Decke, Eiche, Erde, Farbe, Hütte, Kirche, Kirsche, Nase, Sache, Schule, Seite, Straße, Stunde, Tasse, Wunde, &c. This group adds **-n**.

(iii) *Disyllabics ending in* -*el* or -*er*: die Achsel, Gabel, Insel, Kugel, Nadel, Schachtel, Schüssel, Wurzel, Zwiebel; die Ader, Leber, Mauer, Schwester, &c. They add **-n**.

(iv) *Foreign nouns*: die Apotheke, Sirene, Zisterne; die Grammatik, Republik; die Nation; die Parabel, &c. Those ending in -*e* add **-n**, otherwise **-en**.

(v) *Others*: die Gefahr, Gewalt, Geburt; die Gerberei, Schmeichelei, Weberei, &c.; die Arbeit, and all nouns ending in -heit, -keit, -schaft, -ung; also Heimat, Tugend, &c. They all add **-en** in the plural.

31

EXCEPTIONS:

1. The following modify and add **-e**:

die Angst, Axt, Bank (two different plurals, see above), Braut, Faust, Frucht, Gans, Hand, Haut, Kluft, Kraft, Kuh, Kunst, Laus, Luft, Macht, Maus, Nacht, Naht, Not, Nuß, Schnur, Schwulst, Stadt, Wand, Wurst, &c. Also such compounds as die Ausflucht, Geschwulst, Zusammenkunft, &c.

2. The following add **-e**; those ending in -nis, double the -s: die Betrübnis, Finsternis, Kenntnis; die Mühsal, Trübsal, &c.

3. Feminine nouns ending in *-in* double the -n before adding **-en**: Ärztin, Lehrerin, Tänzerin, &c.

§ 40. 5TH DECLENSION

This includes:

(*a*) all neuter nouns not listed under the 1st declension;
(*b*) most neuter nouns of foreign origin.

They form their plural either by adding **-er** and modifying the vowel if a, o, u, or au or by adding **-e** without modification.

1. *Nouns which add* **-er** *and modify the vowel may be subdivided as follows*:

  (i) *Monosyllabics*: das Amt, Bad, Band, Blatt, Dach, Fach, Faß, Glas, Grab, Gras, Kalb, Lamm, Land, Rad; das Dorf, Holz, Horn, Korn, Loch, Schloß, Volk, Wort; das Buch, Gut, Huhn, Tuch; das Haupt, Haus, Kraut, Maul, &c.

  (ii) *A few nouns with the prefix* **Ge-**: das Gemüt, Geschlecht, Gesicht, Gespenst, &c.

  (iii) *A few nouns ending in -tum (plural -tümer)*: das Bistum, &c.

2. *Nouns which add* **-e** *and do not modify may be subdivided as follows*:

  (i) *Monosyllabics*: das Beil, Bein, Blech, Boot, Erz, Fest, Gas, Gift, Haar, Heft, Jahr, Kreuz, Kinn, Knie, Maß, Meer, Moor, Paar, Pfund, Reich, Salz, Schiff, Schwein, Spiel, Stück, Tor, Werk, Ziel, &c.

  (ii) *Those having the prefixes* **Ge-, Be, Ver-**: das Gebet, Gebot, Gefäß, Gelenk, Geschäft, Gesetz, Besteck, Verbot, Verdienst, Verhör, &c.

32

(iii) *A few nouns ending in -nis and -sal*: das Erlebnis, Gefängnis, Zeugnis; Scheusal, Schicksal, &c.

(iv) *The foreign nouns*: das Element, Magazin, Metall, Konsulat, &c.

EXCEPTIONS:

1. The following neuter nouns add **-n** or **-en** in the plural and do not modify:

> das Bett, Hemd, Leid, Ohr, Auge, Ende, likewise the following nouns of foreign origin: das Insekt, Interesse, Juwel, Statut, &c.

2. 'Herz' has its own special declension, viz:

> das Herz, das Herz, des Herzens, dem Herzen; and Herzen throughout the plural.

§ 41. PLURAL FORMATION OF FOREIGN NOUNS

As far as possible foreign nouns are declined in the singular and plural as if they were native words, i.e. they drop their foreign ending and assume a German one. For a variety of reasons some have retained their foreign endings and thus cannot be accommodated within the five above-mentioned declensions. In the singular they are treated as though they were German nouns and add **-s** in the Genitive, unless they already end in -s; in the plural, however, there is considerable inconsistency and a word may have more than one plural.

The plural form is, in the main, conditioned by the ending of the nominative singular. Where there are alternative plurals the commonest is given first. Representative examples are:

(*a*) *nom. sing. ending in -um:*

> das Album, die Alben; das Faktum, die Fakten, Fakta; das Individuum, die Individuen; das Minimum, die Minima.

(*b*) *nom. sing. ending in -ium:*

> das Gymnasium, die Gymnasien; das Kriterium, die Kriterien; das Ministerium, die Ministerien; das Studium, die Studien; das Territorium, die Territorien (also das Prinzip, die Prinzipien).

(*c*) *nom. sing. ending in -us:*

> der Rhythmus, die Rhythmen; der Globus, die Globen; der Modus, die Modi; das Genus, die Genera.

(d) *Nom. sing. ending in -al:*
das Kapital, die Kapitalien; das Material, die Materialien; das Mineral, die Mineralien.

(e) *Nom. sing. ending in -il:*
das Fossil, die Fossilien; das Reptil, die Reptilien; das Projektil, die Projektile.

(f) *Nom. sing. ending in -a:*
das Drama, die Dramen; das Thema, die Themen, Themata; das Klima, die Klimate; das Schema, die Schemata, Schemas.

(g) *Nom. sing. ending in -o:*
das Konto, die Konten, Kontos, Konti; das Porto, die Porti.

Plural in -s:
das Auto, die Autos; das Dock, die Docks; das Genie, die Genies; das Plateau, die Plateaus.

Anomalies:
der Átlas, die Atlánten, Atlasse; der Charákter, die Charaktére.

IX

COMPARISON OF ADJECTIVES AND ADVERBS

§ 42. The comparative is normally formed by adding **-er** and the superlative by adding **-(e)st** to the positive adjective. *The case-endings are then added to these suffixes.*

Adjectives ending in **-el**, **-en**, **-er** usually drop the **-e** in the positive and comparative, but retain it in the superlative; thus der edle Mann, der edlere Mann, but der edelste Mann.

§ 43. In the superlative the ending is **-est** after **-s**, **-isch**, **-st**, **-d**, or **-t**, though long words ending in **-isch**, **-d**, or **-t** usually drop the **-e**. Thus: das frischeste Wasser (*the freshest water*) but der verschwenderischste Mensch (*the most extravagant person*); das gesundeste Leben (*the healthiest life*), but die entzückendste Geschichte (*the most delightful story*).

Many monosyllabic adjectives modify the root vowel (if a, o, or u) in both comparative and superlative, thus:
das kalte Klima, das kältere Klima, das kälteste Klima.

34

Adjectives containing the root vowel **au**, and those of foreign origin do not modify:

blau	blauer	blau(e)st	*blue*
rar	rarer	rar(e)st	*rare*

§ 44. The following are irregular:

groß	größer	größt	*big*
hoch	höher	höchst	*high*
nah	näher	nächst	*near*

The comparative and superlative of **gut** (*good*) and **viel** (*much*) are, as in English, supplied by forms from a different root:

	gut	besser	best	
	viel	mehr	meist	
Note also:	wenig	minder	mindest	*little*

§ 45. After a Comparative **als** (*than*) is most commonly used:

Dieser Versuch ist schwieriger als der letzte.
This experiment is more difficult than the last.

'**denn**' is also used, particularly before **je**:

Eine gute wissenschaftliche Ausbildung ist heute notwendiger denn je.
A good scientific training is more necessary today than ever.

'**denn**' must be used to render *than* to avoid the juxtaposition of '**als als**' (*than as*):

Als Politiker war er bedeutender denn als Physiker.
He was more important as a politician than as a physicist.

§ 46. The English double comparative **more and more** is rendered by '**immer**' plus the comparative:

Die Prüfungen werden immer schwieriger.
The examinations are getting more and more difficult.

The English comparative form such as *the quicker, the better* is rendered by **je** plus the comparative . . . **um so (desto)** plus the comparative:

Je größer die Masse eines Körpers ist, um so größer ist auch sein Energieinhalt.
The greater the mass of a body, the greater is its energy content.

The comparative is sometimes used in an absolute sense, i.e. without any idea of comparison, and corresponds to the English 'rather' or 'fairly' it can also correspond to the English *-ish*:

längere Zeit = *a fairly long time, for some time.*

ein älterer Herr = *an oldish gentleman.*

§ 47. THE SUPERLATIVE

Where comparison is implied, rather than stated, the predicative adjective in the superlative is preceded by the definite article.

Diese Erfindung war die wichtigste des letzten Jahrhunderts.
This was the most important invention of the last century.

Where, however, the comparison is stated, the adjective takes the ending **-sten** and is preceded by **am**:

Während des Krieges war das Brot in Deutschland knapp, noch knapper nach Kriegsende und am knappsten kurz vor der Währungsreform.
During the war bread was scarce in Germany, even scarcer after the end of the war and scarcest of all shortly before the currency reform.

This same construction is used where there is no sense of comparison with other persons or things, but where the subject is compared with itself. Thus:

Die Nächte sind im Winter am längsten.
The nights are longest in winter.

ADVERBS

§ 48. The uninflected form of nearly every German adjective can be used as an adverb:

Der Ballon steigt schnell.
The balloon is climbing quickly.

The *comparative adverb* is identical with the uninflected form of the comparative adjective:

Aber der Hubschrauber steigt schneller.
But the helicopter is climbing more quickly.

Note. As an adverb may stand before an adjective, it is important not to translate it as though it were an adjective. Consider:

Der schneller steigende Hubschrauber war bald verschwunden.

The helicopter, climbing more rapidly, had soon disappeared.

A moment's reflection will show that the termination **-er** in
'schneller' could not be the positive adjectival ending after the
masculine definite article 'der'.

§ 49. *The Superlative Adverb* has two forms:

(*a*) The Relative Superlative **am... -sten**, used whenever there
is an expressed or implied comparison:

Dieser Flugzeugtyp steigt am schnellsten.

This type of aircraft has the fastest climbing rate.

(*b*) The absolute superlative **aufs . . . -ste,** used when no comparison is involved:

Auf die neue Bestimmung reagierten die Studenten aufs
heftigste.

*The students reacted most violently to the new regulation (i.e.
as strongly, or as vigorously, as they could.)*

§ 50. Irregular Superlatives of Adverbs

1. In **-st.**

längst, *a long time ago* (frequently used with 'schon')
Er ist schon längst weggegangen.
He left a long time ago.

äußerst⎫
höchst ⎭ *extremely*

möglichst, *as . . . as possible.*

2. In **-(s)tens**

erstens, *in the first place, firstly*
höchstens, *at the very most*
nächstens, *presently*
spätestens, *at the very latest*
wenigstens, *at (the very) least*
zweitens, *in the second place,* &c.
usw.

3. With **im,** usually after 'nicht'

nicht im geringsten, *not in the least.*

§ 51. Irregular Comparison of Adverbs

gut (wohl), *good*   besser, *better*   am besten, *best.*

bald, *soon*	früher | *earlier,*	am frühesten | *soonest*
	eher | *sooner*	am ehesten |
viel, *much*	mehr, *more*	am meisten, *most*
wenig, *little,*	weniger | *less*	am wenigsten | *least*
not much	minder |	am mindesten |

Gern, lieber, am liebsten, indicates order of preference, as in:
Ich arbeite gern in der Bibliothek. Mein Freund arbeitet
lieber zu Hause, und die anderen Studenten arbeiten am
liebsten im Laboratorium.

*I like working in the library. My friend prefers working at home,
and the other students like working in the laboratory best of all.*

Gern can also mean '*willingly*', and lieber '*rather*'.

X

PREPOSITIONS

PREPOSITIONS, in any language, are a source of difficulty for the
foreigner. The variety of meanings attaching to many German
prepositions and the subtle distinctions between them are not
always given even in the better dictionaries. Careful study of the
use of prepositions in texts and an awareness that the first English
equivalent given in the dictionary is not necessarily the most appropriate to the context is probably the soundest approach.

§ 52. German prepositions fall into *four* classes according to
the case they govern; only the commonest are listed:

1. *Prepositions which always govern the Accusative:*

durch	*through, by means of*
für	*for, on behalf of*
gegen	*against, towards, opposed to, about* (*approximation*)
ohne	*without*
um	*around, at, by* (*extent*)
wider	*against*

2. *Prepositions which govern the Genitive:*

abseits	*within a short distance from*
angesichts	*in view of*
anläßlich	*on the occasion of*

(an)statt	instead of
außerhalb	outside
betreffs	with regard to, in respect of
bezüglich	regarding
diesseits	on this side of
innerhalb	inside, within
jenseits	on the other side of
kraft	by virtue of
laut	according to (may also govern dative)
mittels	by means of
seitens	on the part of
trotz	in spite of (may also govern dative)
während	during, in the course of
wegen	on account of
*zufolge	in consequence of (may also govern dative).

3. *Prepositions which always govern the Dative:*

aus	out of, from
außer	besides, except
bei	in the case of, with, at, in connection with, near, during (see § 53)
entgegen	towards, contrary to
*gegenüber	opposite, against, towards, in contrast to
gemäß	in accordance with
mit	with
*nach	after, according to, towards
nebst samt	together with, in addition to
seit	since, for (time)
von	of, by, from
zu	to, for, at
*zuwider	contrary to

Prepositions marked (*) frequently come *after* the noun or pronoun they govern.

4. *Prepositions which govern either the Accusative or the Dative:*

an	at, on, to
auf	on, upon, towards, up to
hinter	behind
in	in, into, within

neben	*near, next to, beside, besides*
über	*above, over, about, concerning*
unter	*under, among*
vor	*before, in front of, ago*
zwischen	*between, among*
entlang	*along* (accusative or dative if 'entlang' precedes noun or pronoun, dative if the preposition comes after.)

The above prepositions govern the *accusative* if the verb expresses or implies motion towards (direction) and the *dative* if it expresses rest or motion in a definite place (place where).

§ 53. THE PREPOSITION 'BEI'

This preposition, because of its wide variety of meanings and its great frequency, is rarely translated accurately by beginners. The first thing to be remembered about it is that it very rarely corresponds to the English *by*. Some of its different meanings emerge from the following examples:

Und doch läßt sich die Bedeutung auch dieser Gruppe schon bei oberflächlicher Untersuchung beobachten.
And yet the importance of this group can be seen even ON *superficial examination.*

Hanau, die Geburtsstadt der Brüder Grimm, liegt bei Frankfurt a. M.
Hanau, the birth-place of the brothers Grimm, is NEAR *Frankfort-on-Main.*

Der Stahl wird bei 1400° flüssig.
Steel liquefies AT *a temperature of* 1400°.

Ich habe das Wörterbuch nicht bei der Hand.
I have not the dictionary AT *hand.*

Er hatte nicht genug Geld bei sich.
He had not enough money WITH *him.*

Bei schlechtem Wetter lassen sich die Sterne nicht beobachten.
The stars cannot be studied IN *bad weather.*

Man trifft es besonders deutlich ausgeprägt bei Affen an.
It is particularly pronounced IN THE CASE OF *monkeys.*

Bei aller Mühe ist mir der Versuch mißlungen.
DESPITE *all my pains the experiment was a failure.*

§ 54. CONTRACTION OF PREPOSITIONS

Prepositions are frequently contracted with other words. The following contractions are very common:

Prepositions with the definite article:

am	an dem (dative)	ans	an das (accusative neuter)
beim	bei dem	aufs	auf das ,, ,,
im	in dem	ins	in das ,, ,,
zum	zu dem	zur	zu der (feminine dative)
vom	von dem		

§ 55. VERBS, NOUNS, AND ADJECTIVES WITH 'FIXED PREPOSITIONS'

Certain verbs, nouns, and adjectives are used with what may be termed 'fixed prepositions'. The most common are:

an (with accusative or dative)

denken an (acc.)	*think of*
erinnern an (acc.)	*remind of*
glauben an (acc.)	*believe in*
sich gewöhnen an (acc.)	*become accustomed to*
sich erinnern an (acc.)	*remember*
sterben an (dat.)	*die of*
zweifeln an (dat.)	*be in doubt about*
Mangel an (dat.)	*shortage of*
Zweifel an (dat.)	*doubt about*

auf (with accusative)

achten auf	*pay attention to*
anwenden auf	*apply to*
beschränken auf	*limit to*
hoffen auf	*hope for*
sich belaufen auf	*amount to*
sich verlassen auf	*rely on*
warten auf	*wait for*
Hoffnung auf	*hope for*
Vertrauen auf	*confidence in*
stolz auf	*proud of*

aus (with dative)

bestehen aus	*consist of*
werden aus	*become of*

für (with accusative)

halten für	*consider as, take for*

nach (with dative)

fragen nach	*inquire after*
sich sehnen nach	*long for*

über (with accusative)

erstaunen über	*be astonished at*
lachen über	*laugh at*
sich freuen über	*rejoice at*
sich wundern über	*be surprised at*
spotten über	*mock at*
Erstaunen über	*surprise at*
Freude über	*pleasure at*
froh über	*glad of*

um (with accusative)

bitten um	*ask for*
sich bemühen um	*take trouble about*
in Verlegenheit sein um	*be at a loss for*
besorgt sein um	*be anxious about*

vor (with dative)

erschrecken vor	*be frightened by*
sich fürchten vor	*be afraid of*
sich hüten vor	*guard against*
warnen vor	*warn against*
Achtung vor	*respect for*
Furcht vor	*fear of*

zu (with dative)

ernennen zu	*appoint*
erwählen zu	*elect*
machen zu	*make (also in sense of appoint)*
sich entschließen zu	*decide upon*

Translate:

(*a*) Der Phosphor ist gewöhnlich durchscheinend, kristallinisch, bei gewöhnlicher Temperatur wachsweich; er schmilzt bei 44° und darum unter Wasser. Er ist unlöslich in Wasser. Er ist mit Wasserdämpfen flüchtig. Diese Dämpfe leuchten wie der Phosphor im Dunkeln. Diese Eigenschaft ist für die Erkennung des Phosphors sehr charakteristisch. Der Phosphor ist leicht entzündlich und brennt mit blendend weißer Flamme zu Phosphorpentoxyd P_2O_5. Der Phosphor ist höchst giftig und ist ein bekanntes Rattenvertilgungsmittel. Phosphorbrandwunden sind höchst gefährlich. Eine besondere Form des Phosphors ist der rote Phosphor. Man erhält ihn aus dem gelben Phosphor durch Erhitzen desselben in einer indifferenten Gasatmosphäre auf 260°. Er entsteht auch durch Einwirkung des Lichtes auf den gewöhnlichen Phosphor als oberflächliche Kruste. Dieser rote Phosphor ist nach neueren Untersuchungen eine feste Lösung des weißen Phosphors im metallischen. Er ist ebenfalls kristallinisch, ist aber im Gegensatz zu dem weißen Phosphor unlöslich in Schwefelkohlenstoff und ist auch nicht giftig.

Die wichtigste Säure des Phosphors ist die Phosphorsäure. Sie entsteht durch Oxydation des gelben Phosphors mit Salpetersäure. Sie ist dreibasisch und ist vor allem durch ein gelbes, in Ammoniak und Salpetersäure lösliches Silbersalz Ag_3PO_4 und durch die Doppelverbindung phosphorsaure Ammoniak-Magnesia NH_4MgPO_4 (in Säuren löslich, in Ammoniak unlöslich) charakterisiert. Die gewöhnliche Phosphorsäure des Handels, eine farblose Flüssigkeit, enthält 25 H_3PO_4; die glasige Phosphorsäure des Handels ist kalkhaltige Metaphosphorsäure.

Die wichtigste Verbindung des Arsens ist die arsenige Säure As_2O_3, der Arsenik. Man gewinnt Arsenik beim Rösten arsenhaltiger Erze. Der Arsenik ist entweder ein weißes Pulver oder eine porzellanartige, auf dem Bruch glasartige Masse. Die glasartige und die porzellanartige Säure sind aber zwei verschiedene Modifikationen; die erstere ist die amorphe, die andere die kristallinische Form. Der Arsenik ist äußerst giftig, nur schwer löslich in Wasser, dagegen löslich in Lösungen der ätzenden und kohlensauren Alkalien unter Bildung von Salzen. Die Salze der arsenigen Säure heißen Arsenite, die der Arsensäure Arseniate. Das Hydrat der arsenigen Säure H_3AsO_3 bzw. $HAsO_2$ ist im freien Zustande nicht bekannt.

Adapted from Jos. Klein, *Chemie, Anorganischer Teil*, *Sammlung Göschen*, 37. Bd., 1926, S. 98, 100/101.

(*b*) Man gibt etwa 5 Kubikzentimeter der gewöhnlichen Salzsäure in einen Meßzylinder, verdünnt mit der zehnfachen Wassermenge, rührt einige Tropfen Lackmustinktur dazu und bringt das Ganze in einen Kolben. Zu dieser roten Flüssigkeit gießt man unter fortgesetztem Umschütteln in kleinen Portionen Natronlauge. Nach kurzer Zeit ist die Flüssigkeit nicht mehr rot, sondern blau. Sie besteht jetzt aus einer gefährlichen Säure und einer schwierigen Lauge; sie ist aber nicht mehr gefährlich, sondern völlig harmlos. Beim Eindampfen der Lösung bekommen wir gewöhnliches Kochsalz. Beim Zusammengießen von Natronlauge and Salzsäure bildet sich Wasser und Kochsalz nach der Gleichung $NaOH + HCl = NaCl + H_2O$. Die gefährlichen OH'-Ionen der Lauge und die ebenso bedenklichen H'-Ionen der Säure vereinigen sich zu harmlosem Wasser. Eine große und konzentrierte Säuremenge erfordert zu ihrer Neutralisation eine ebenso große und konzentrierte Laugenmenge. Bei den übrigen Säuren und Laugen verläuft die Neutralisation nach dem gleichen Grundsatz. Neutralisationsvorgänge spielen im praktischen Leben und in der Chemie eine sehr wichtige Rolle.

Adapted from HERMANN RÖMPP, *Chemische Experimente, die gelingen*, 1949, S. 114/115.

(*c*) Ein gewisses Maß von Tatsachenkenntnis ist für ein erfolgreiches chemisches Experimentieren unerläßlich. Zahlreiche Chemiker kamen bei der Erforschung der Elemente in jahrzehntelanger, mühsamer Arbeit zu folgenden wichtigen Ergebnissen. Es gibt wahrscheinlich insgesamt 92 Elemente. (Ein Element kann man nicht in einfachere Stoffe zerlegen.) Man hat schon 90 davon entdeckt und beschrieben. Man hat die meisten dieser Elemente mit Hilfe der sogenannten Spektralanalyse auch in der Gashülle der Sonne und auf den Fixsternen entdeckt. Nur etwa 30 von den 92 Elementen spielen beim Aufbau der Erdkruste eine wichtigere Rolle. Man bezeichnet die Elemente im chemischen Schrifttum der ganzen Welt mit den Anfangsbuchstaben ihrer meist lateinischen oder griechischen Namen. So heißt z. B. das chemische Zeichen für den Wasserstoff H (von Hydrogenium); Helium aber beginnt ebenfalls mit H, und man bezeichnet es zur Unterscheidung mit He. Man lernt diese chemischen Zeichen am leichtesten in der Schule, denn der gute Chemielehrer betont ihre Wichtigkeit aufs stärkste. Die beste Methode ist, sie möglichst rasch auswendig zu lernen. Die klügsten Schüler tun das auch, aber sie bilden immer den kleinsten Teil einer Klasse. Der dümmere oder faulere Teil lernt sie äußerst langsam und mit größter Mühe. Je schneller man diese Zeichen lernt umso besser, denn sie sind für das Verständnis chemischer Vorgänge unentbehrlich.

Ein Element hat nicht nur ein chemisches Zeichen, sondern auch eine Atomgewichtszahl und eine Wertigkeit. Wir haben in einem Element, wie z. B. in einem Stück Schwefel, eine regelmäßige, angeordnete, ungeheure Zahl von Schwefelatomen vor uns; der Quecksilberfaden eines Thermometers besteht aus lauter Quecksilberatomen, ein Diamant aus lauter Kohlenstoffatomen usw. Alle Schwefelatome haben unter sich gleiche Größe und Gestalt, bei den übrigen Elementen ist es ebenso. Der Wasserstoff hat die leichteste und kleinste Atomsorte und hat ein Gewicht gleich 1. Das Element Uran mit dem Atomgewicht 238 ist unter den normalen Atomsorten die schwerste; schwerere Elemente und Atome sind offenbar nicht beständig. Jedes einzelne Atom ist in seiner Art ein höchst kompliziertes planetensystemartiges Gebilde. Kleinere Elektronen kreisen in diesem Gebilde in bestimmten Bahnen um einen größeren Kern.

Adapted from HERMANN RÖMPP, Chemische Experimente, die gelingen, 1949, S. 59/60.

(*d*) Der Konnex zwischen Physik und Mathematik ist fast noch enger. Die Mathematik ist das geistige Werkzeug des Physikers: sie allein ermöglicht die Anwendung erkannter Naturgesetze auf verwickeltere Vorgänge. Die Logarithmen z. B. erlebten eine ihrer ersten Anwendungen bei *Kepplers* astronomischen Berechnungen. So war auch später der Fortschritt der Physik, namentlich in der Mechanik, aufs engste verknüpft mit den gleichzeitigen Fortschritten der Mathematik. Mehr als einmal folgten mathematische Fortschritte auf physikalische Fragestellungen.

Das Verhältnis der Physik zur Philosophie ist eigenartig. Zu Beginn des hier betrachteten Zeitraums zeigten die Philosophen, wie *Descartes*, *Leibniz* und *Kant* Interesse für die Physik. Unter *Kants* physikalischen Leistungen sind seine kosmologischen Ideen über die Entstehung des Planetensystems am bekanntesten und weittragendsten. Später ist es eher umgekehrt: Physiker und Chemiker veröffentlichen philosophische Werke.

Adapted from MAX V. LAUE, Geschichte der Physik, 1950, S. 11.

XI

SIMPLE SENTENCE AND PRINCIPAL CLAUSE WORD-ORDER

§ 56. NORMAL ORDER

If a simple sentence or a principal clause begins with the subject, and the verb is in either the present or imperfect tense, then the word-order is the same as is normally found in English, i.e. Subject—Verb—Complement.

Der Professor *bestellt / bestellte* } Chemikalien für das Laboratorium.

The professor orders (is ordering) / ordered } *chemicals for the laboratory.*

The differences between English and German word-order begin to emerge immediately a compound or future tense is used in German.

Der Professor *hat* Chemikalien für das Laboratorium *bestellt.*

wird	*bestellen.*
wird	*bestellt haben.*
wird	*bestellen lassen.*

The above four examples illustrate the following fundamental rules of German word-order.

1. *The finite or personal part of the verb is in the second place.* There is only one variation of this important rule (see § 91).

2. *The final position has an importance unknown to English.* The following are found at the end of a simple sentence or principal clause:

(a) *the past participle:*
Die Sitzung hat zwei Stunden gedauert.
The meeting (has) *lasted two hours.*

(b) *The infinitive:*
Ich werde das Papier in eine Lösung von Salzsäure tauchen.
I shall dip the paper in a solution of hydrochloric acid.

Note. Where the past participle and the infinitive occur together, the infinitive comes at the end:

Der Lehrer wird den Fehler nicht bemerkt haben.
The teacher won't have noticed the mistake.

Where two infinitives occur together, the modal infinitive is last (see § 90):

Der Student hat sein Examen verschieben müssen.

The student $\left.{has\ had \atop had}\right\}$ to postpone his examination.

(c) *An adjective or adjectival phrase forming the complement of the verbs 'sein' and 'werden':*

Radargeräte mit Reichweiten von 100 bis 200 km. sind für die Kontrolle der Flugzeuge in der Luft von großer Wichtigkeit.
Radar instruments with a range of from 100–200 kilometres are of great importance in controlling aircraft in the air.

(d) *A separable prefix, either alone if the verb is in the present or imperfect, or attached to the past participle or infinitive* (see § 68):

Das Kohlendioxyd kommt in der Natur nur in gasförmigem Zustande vor.
CO_2 occurs only in gaseous form in the natural state.
Wir haben uns der neuen Lage angepaßt.
We have adapted ourselves to the new situation.

§ 57. FURTHER POINTS ON WORD-ORDER

(a) The indirect object comes before the direct object if both are nouns, or if the indirect object is a personal pronoun:

Der Vater gab ${dem\ Sohne \atop ihm}$ ein neues Mikroskop.

Note. If both direct and indirect objects are personal pronouns, the direct object comes first:

Der Vater gab es ihm.

(b) The order of adverbs is Time, Manner, Place, with the object, if a noun, coming after Time:

Ich sah letzten Freitag den berühmten Kernphysiker mit einer Gruppe Studenten im Theater.
I saw the famous nuclear physicist with a group of students at the theatre last Friday.

If the object is a personal pronoun, it precedes the adverb of time:

Ich sah ihn letzten Freitag usw.

§ 58. The position of *'nicht'* (not) requires some explanation as it does not correspond in all instances to English usage:

1. 'Nicht' is found in the final position if the verb is simple and the tense is either present or imperfect:

Der Vortrag gefiel mir nicht.
I did not like the lecture.

The full effect of 'nicht' in the final position is seen in the following example:

Aber diese Befürchtung war in einer Weise wieder so falsch nicht.
But this fear was in one way not so wrong after all.

2. 'Nicht' is in the penultimate position if there is a separable prefix, a past participle or infinitive(s):

Wir machten die Kiste nicht auf.
We did not open the box.
Wir werden die Kiste nicht aufmachen können.
We shall not be able to open the box.

3. Otherwise *'nicht'* precedes the word or phrase to be negated:

Wir machen Versuche nicht jeden Tag.
We do not do experiments every day.

Note. The negative article 'no', 'not a' has the special form 'kein, keine, kein'. A literal translation of 'not a', while not impossible, is rare. Otherwise German avoids putting 'nicht' before the indefinite article, as in the following:

Bei einem *nicht* geringen Prozentsatz der Fälle. . .
In not a small percentage of the cases. . .

§ 59. INVERTED ORDER

A study of German texts, even of the simplest kind, shows that Normal Order, i.e. Subject—Verb—Complement is not very frequent. This is due to the fact that the first place in a sentence is one of particular emphasis. Hence a sentence may begin with any word or phrase which the writer (or speaker) wishes to emphasize; alternatively he may reject Normal Order merely to vary his style. This stylistic freedom is subject, however, to one restriction, namely, *the finite verb must be the second element in the sentence,*

48

i.e. *it must be in the second place.* This extremely common construction is known as Inverted Order.

EXAMPLES:

1. *Adverb or adverbial phrase first:*

   Gestern im Alter von 89 Jahren *starb* Max Planck, der berühmte deutsche Physiker.
   Max Planck, the famous German physicist, died yesterday at the age of 89.

2. *Object first:*

   Das kleinste Teilchen einer chemischen Verbindung *nennt* man ein Molekül.
   The smallest particle of a chemical compound is called a molecule.

3. *Indirect object first:*

   Dem Institut *hat* der Verstorbene seine wissenschaftlichen Bücher vermacht.
   The deceased left his scientific books to the institute.

4. *Prepositional phrase first:*

   Über die Natur dieser Strahlen *bestand* keine Klarheit.
   The nature of these rays was not understood.

5. *Past participle first:*

   Begonnen *wurde* mit der Trennung natürlich radio-aktiver Atomarten.
   A start was made with the separation of naturally radio-active types of atom.

Note. Sentences beginning with the object are frequently mistranslated by beginners who take it for the subject. On form alone 'das kleinste Teilchen' in (2) above could be either nominative or accusative. The presence of 'man' in the sentence, an unambiguous nominative, however, clearly establishes 'das kleinste Teilchen' as the accusative.

Where, despite the application of basic grammatical rules, apparent ambiguity still persists this promptly disappears once common sense or specialized knowledge is applied. Consider the following:

Ungedämpfte Schwingungen von niedriger Frequenz liefern die gewöhnlichen Wechselstromerzeuger.

Both 'ungedämpfte Schwingungen' and 'die gewöhnlichen Wechselstromerzeuger', in so far as their endings are concerned, could be either nominative or accusative plural. One would accordingly be justified, on purely grammatical grounds, in assuming that the first noun 'ungedämpfte Schwingungen' is the subject. The resultant translation would be:

Undamped oscillations of low frequency produce the ordinary alternators.

Even to a person with only the slightest knowledge of physics this is clearly nonsense. Obviously, the subject must be 'die gewöhnlichen Wechselstromerzeuger', and 'ungedämpfte Schwingungen' the object.

Translate:

Bier, Wein und Schnaps enthalten als wesentlichen Bestandteil den sogenannten Athylalkohol (C_2H_5OH). Athylalkohol nennt man kurz Alkohol. Annähernd reiner Alkohol heißt auch Weingeist oder Spiritus. Wodka (russischer Schnaps), Kognak, Arrak und Rum haben einen hohen Alkoholgehalt. Der Alkoholgehalt von Bier und leichten Weinen ist nicht so hoch. Für Erwachsene sind diese Getränke — mäßig genossen — ziemlich unschädlich, aber Alkohol ist in jeder Form für Kinder und Jugendliche sehr nachteilig. Dauernder Alkoholmißbrauch führt immer zu schweren Schädigungen der Gesundheit. Etwa 30–40% aller Insassen von Irrenanstalten sind unter dem Einfluß chronischer Alkoholvergiftung geistig erkrankt. Nach 4 bis 10 Jahren führt fortgesetzter, regelmäßiger Schnapsgenuß meistens zum sogenannten Säuferwahnsinn (delirium tremens). Einen solchen Anfall schildert ein berühmter Psycholog folgendermaßen: „Der Kranke sieht zahlreiche kleine Objekte in lebhafter Bewegung, aber auch große Tiere oft in menschenartiger Gestalt. Alles ist für den Kranken abenteuerlich gefärbt und erscheint ihm sehr deutlich. Er hält es für Wirklichkeit oder spricht von einer laterna magica, von Marionetten oder von Kino. Das Gedächtnis ist auch sehr gestört.“

Chemisch reinen Alkohol gewinnt man durch mehrfache Destillation und Behandlung mit wasserentziehenden Stoffen, wie z. B. gebranntem Kalk oder geglühtem Kupfervitriol. Er ist eine angenehm riechende, leicht bewegliche, farblose Flüssigkeit. Er siedet bei 80 Grad und vermischt sich leicht mit Wasser. Alkohol verbrennt zu Wasserstoff und Kohlensäure. Man verwendet ihn in großem Umfang zu vielen Zwecken, als Heizstoff, Desinfektionsmittel, Lösungsmittel für Lacke, Firnisse, Kunstseiden, Parfüme usw. Der technisch verwendete Alkohol ist unbesteuert; deshalb macht man ihn ungenießbar durch Zusatz von 2 Liter Holzgeist und 0,5 Liter Pyridin auf 100 Liter Alkohol. In wirtschaftlicher Hinsicht spielt der Alkohol eine gewaltige Rolle. Im Jahre 1930 in Deutschland erreichten die Ausgaben für geistige Getränke die phantastische Höhe von 4, 3 Milliarden Reichsmark.

Adapted from HERMANN RÖMPP, *Chemie des Alltags*, 1941, S. 44/46.

XII
WORD-ORDER IN THE COMPOUND SENTENCE

A COMPOUND sentence is one comprising a principal clause and one or more dependent or subordinate clauses.

A dependent clause is introduced either by:

(*a*) a relative pronoun, or
(*b*) a subordinating conjunction.

§ 60. RELATIVE PRONOUNS

The forms 'der, die, das' of the definite article are also used as relative pronouns with the meaning 'who, which, that'. They decline in the same way as the article except for all the genitive forms and the dative plural which have an extra **-en**. The **-s** of the masculine and neuter genitive is doubled.

Declension of Relative Pronouns

	Singular			Plural
	Masc.	*Fem.*	*Neut.*	*All genders*
A.	der	die	das	die
A.	den	die	das	die
G.	**dessen**	**deren**	**dessen**	**deren**
D.	dem	der	dem	**denen**

These pronouns can also be used as demonstratives (*that one, that person*, &c.) and as such are emphasized in speech.

Another form of the relative pronoun, mainly used to avoid repetition of identical forms of 'der, die, das' as a relative pronoun and as the definite article, is 'welcher, welche, welches'.

| | Singular | | Plural |
Masc.	*Fem.*	*Neut.*	*All genders*
N. welcher	welche	welches	welche
A. welchen	welche	welches	welche
G. **dessen**	**deren**	**dessen**	**deren**
D. welchem	welcher	welchem	welchen

Note:

1. 'welcher' is defective in that it has no genitive form and borrows from the other relative pronoun.

2. The relative pronoun takes gender and number from its antecedent. As it may refer back to a person or a thing, its translation as *who, which, that* is determined by the nature of its antecedent.

3. As in English, the relative pronoun must be as near as possible to its antecedent.

4. The relative pronoun takes its case from its own clause.

§ 61. Word-Order in the Relative Clause

1. After a relative pronoun the finite verb goes to the end of the clause. (For the construction of the one exception to this rule, see § 91.)

2. The relative pronoun can never be omitted in German. (Cf. English: *The film I saw last night was not very interesting.*)

3. The relative clause is always separated from the principal clause by a comma.

The use of a comma in German is much more rigid than in English. One of its chief uses is to split up a compound sentence into its component clauses which represent the sense units. Much of the beginner's difficulty in translating a lengthy compound sentence lies in his failure to appreciate this function of the comma.

Note. It should be remembered that the rules concerning word-order in a simple sentence apply also to the principal clause in a compound sentence.

Schwefeldioxyd ist ein Gas, das hohe Temperaturen verträgt.
SO₂ is a gas that is stable at high temperatures.

Gestern besuchten wir den Professor, dem wir so viel verdanken.
Yesterday we visited the professor to whom we owe so much.

Since the relative pronoun must stand as near as possible to its antecedent, the relative clause frequently interrupts the principal clause. This construction is, of course, common in English.

Die beiden Gaszylinder, die (welche) hier stehen, sind mit Sauerstoff und Stickstoff gefüllt.
The two gas cylinders (which are) standing here are filled with oxygen and nitrogen.

Auch die abwaschbaren Tapeten, von denen es heute zahlreiche verschiedene Ausführungen gibt, werden aus Kunststoffen hergestellt.
Washable wallpapers, of which there are many different types today, are also made from synthetic materials.

§ 62. INTERROGATIVE PRONOUNS AS RELATIVES

Interrogative pronouns replace relative pronouns in certain special cases:

(*a*) *Wer, wen, wessen, wem* are used to translate the emphatic 'he who', 'anyone who', 'whosoever'. The appropriate case of the demonstrative 'der' frequently introduces the principal clause.

Wer als letzter das Laboratorium verläßt, (der) soll abschließen.
Whoever is the last to leave the laboratory should lock up.

Wen die Götter hassen, (den) strafen sie mit Hochmut.
Whom the gods hate they punish with arrogance (by making him arrogant.)

(*b*) *Was:* refers to neuter pronouns, neuter adjectives in the superlative and to indefinites such as 'alles', 'nichts', 'etwas'. It can also be used to refer to the contents of a whole clause.

Er sagt genau das, was ich vorhin sagte.
He says exactly what I said earlier on.

Das war das Klügste, was er tun konnte.
That was the most sensible thing he could do.

In diesem Zimmer ist nichts, was nicht mir gehört.
There is nothing in this room which does not belong to me.

Wegen des Unfalls lag ich sechs Wochen im Krankenhaus, was sehr unangenehm war.
As a result of the accident I spent six weeks in hospital which was very unpleasant.

§ 63. Dependent Clauses introduced by a Subordinating Conjunction

The most common subordinating conjunctions are:

als	*when* (refers only to the past)
als ob	*as if* (used with subjunctive)
bevor } ehe	*before*
bis	*until*
da	*as, because, since* (reason)
damit	*so that, in order that*
daß	*that*
falls	*in case*
indem	*as, while, in that* (expresses contemporaneous nature of two actions. No counterpart in English for 'indem', which is often best translated by: 'on . . . ing', 'in . . . ing')
je nachdem	*according as*
nachdem	*after*
ob	*whether*
obgleich } obschon } obwohl	*although*
seitdem	*since* (time)
sobald	*as soon as*
solange	*as long as*
so oft	*as often as*
so sehr (auch)	*however much*

54

sowie	*as*
trotzdem	*in spite of* (despite the fact), *although*
während	*while* (time), *whereas*
weil	*as, because, since* (reason)
wenn	*if, when* (present and future), *whenever* (with past)
wie	*how*
wo	*where* (also *when*)
zumal	*especially as, considering that*

§ 64. Word-order in a Clause introduced by a Subordinating Conjunction

The word-order in a clause introduced by a subordinating conjunction is the same as it is in a relative clause, i.e. *the finite part of the verb is at the end of the clause.* (For exception see § 91.)

Die merkwürdigste Eigenschaft des Radiums ist die Tatsache, daß es in allen seinen Verbindungen dauernd Energie entwickelt.

Radium's most remarkable property is the fact that in all its compounds it constantly emits energy.

Die Physiker und Chemiker arbeiten mit sehr vereinfachten und daher sehr groben Modellen, während die Biologen und Bakteriologen an den kompliziertesten lebenden Systemen ihre Beobachtungen sammeln.

Physicists and chemists work with very simplified and hence very crude working models, whereas biologists and bacteriologists collect their observations from the most complicated living systems.

The above examples, it will be seen, begin with the principal clause. As in English this is by no means the general rule. If, however, in German the subordinate clause comes first, *inversion takes place in the principal clause,* i.e. *the finite verb introduces the principal clause.* Thus the finite verb becomes the second element in the sentence, the first being the subordinate clause.

Als Planck die Quantentheorie zuerst aussprach, *hatte* er sich bereits als theoretischer Physiker einen Ruf geschaffen und war seit vielen Jahren Professor an der Universität Berlin.

When Planck first proclaimed the quantum theory he had already established a reputation for himself as a theoretical physicist and had been a professor at the University of Berlin for many years.

§ 65. WENN and DA

In a 'wenn' clause which precedes the principal clause the 'wenn' is very often omitted. Inversion then takes place in the dependent clause and the principal clause is almost invariably introduced by 'so' (*then*).

This construction is a source of difficulty to many students despite the fact that it occurs in English where, however, it is restricted to auxiliaries:

Had I had the time. . . .

Should you not finish the experiment today. . . .

In German this construction is possible with any verb:

Wenn ein farbiger Körper eine auswählende Absorption gegen gewisse Lichtstrahlen besitzt, so wird er schwarz im bezug auf diese.

If a coloured substance selectively absorbs light of certain wave lengths, then it turns black where exposed to them.

Omitting the 'wenn', the sentence runs as follows:

Besitzt ein farbiger Körper eine auswählende Absorption gegen gewisse Lichtstrahlen, so wird er schwarz im bezug auf diese.

The translation remains the same, introduced by 'If . . .'.

The insertion of 'if' before a verb which begins a sentence, not obviously a question or a command, and the translation of 'so' by *then* is the only way to deal with a construction of this kind.

'Da' is less frequently omitted, when it likewise causes inversion. In translating it should be replaced.

Ein solches Vorhaben ist lebhaft zu begrüßen, bilden doch die Sprachschwierigkeiten ein starkes Hindernis, die Originalwerke durchzuarbeiten.

Such a plan is to be warmly welcomed, as of course the language difficulties form a serious obstacle to working through the original sources.

Translate:

Der Elektromagnet

Wir erwähnten bereits die grundlegenden Experimente von

Oersted und Ampère. Diese Experimente liegen der ersten Konstruktion des Elektromagneten zu Grunde. Man versteht unter einem Elektromagneten im allgemeinen einen Weicheisenstab, der mit einer bestimmten Zahl von Windungen aus Kupferdraht umwickelt ist. Bringt man diese Drahtspule an eine Stromquelle, so ruft der Stromkreis im Inneren der Spule ein magnetisches Feld aus, das so lange andauert, wie der Strom fließt. Da im Innern der Spule die Zahl der Kraftlinien besonders dicht ist und der Strom in einer Richtung fließt, erscheint der Weicheisenkern magnetisch. Man benutzt Weicheisen, damit nach Abschalten des Stromes dieses Metallstück den Magnetismus wieder verliert. Die Magnetisierbarkeit „I" ist proportional der magnetischen Feldstärke der Spule, durch die der Strom geht. Man bezeichnet sie mit „H". Man nennt die magnetische Suszeptibilität „x", worunter gewissermaßen die Empfindlichkeit eines Körpers für Magnetisierbarkeit zu verstehen ist. Formelmäßig ausgedrückt ist also die Magnetisierbarkeit gleich der Feldstärke multipliziert mit der magnetischen Suszeptibilität, die für jeden Körper eine Konstante darstellt, die man meßtechnisch bestimmen kann. ($I \times H$). Wenn die Pole des magnetisierten Eisenstückes mit den Polen des elektrischen Stromflusses zusammenfallen, wenn also das elektrische und das magnetische Feld die gleiche Richtung haben, spricht man von *Para*-magnetismus. Paramagnetische Körper haben, wie man sagt, ein positives x. Körper mit einem negativen x stellen sich in einem elektrischen Feld senkrecht zu dieser Feldrichtung. Hier spricht man von *Dia*-magnetismus. Dazu gehört z. B. das Material Wismut.

KARL ZINK, 'Was ist Elektrizität?' *Berckers Kleine Volksbibliothek*, No. 1026, 1950, S. 47.

Optik

Eine besondere Schwierigkeit bot der ältesten Optik die Erklärung der Farben. Der Nachweis, daß sich das weiße Licht aus Licht verschiedener Färbung zusammensetzt, daß also das farbige Licht einfacherer Natur ist als das weiße, war *Isaac Newtons* zweite Großtat; nichts illustriert ihre Bedeutung besser als *Goethes* leidenschaftlicher Protest dagegen, welcher letzthin auf die Tatsache zurückgeht, daß das Auge nicht gleich dem Ohr die es erregenden Schwingungen harmonisch analysiert, sondern das weiße Licht als Einheit empfindet. Zu seinen Arbeiten mit dem

Prisma hatte sich *Newton* durch die chromatischen Fehler der optischen Instrumente veranlaßt gefühlt, die er für unvermeidlich hielt. Auch seine Nachfolger beharrten auf diesem Standpunkt, bis 1753 *John Dolland* (1706–1761) die Farbenzerstreuung zweier Glassorten gegeneinander ausglich und ein achromatisches Fernrohrobjektiv konstruierte. Daß die Grenzen des Spektrums nicht mit denen des Sichtbaren zusammenfallen, daß sich vielmehr an das Rot eine weniger brechbare, durch ihre Wärmewirkung nachweisbare Strahlung anschließt, erkannte 1800 *Wilhelm Herschel* (1738–1822); und im Jahre darauf fanden *Johann Wilhelm Ritter* (1776–1810) und ebenso *William Hyde Wollaston* (1766–1828) die chemisch wirksame Strahlung jenseits des Violetts.

Max v. Laue, *Geschichte der Physik*, 1950, S. 41.

XIII
COMPOUND VERBS

COMPOUND verbs are formed from original or derivative verbs to which prefixes or independent words in the form of prefixes have been added. In the latter case one distinguishes between the basic word, which is always a verb, and the qualifying word which is mostly a preposition or an adverb, less frequently a noun or an adjective.

If the combination of verb and prefix remains intact throughout the conjugation, such a verb is known as a compound verb with an *Inseparable Prefix*. If, however, the prefix is detached from the verb in certain tenses, the compound verb is said to have a *Separable Prefix*. Certain prefixes may be either *Inseparable* or *Separable*.

§ 66. INSEPARABLE PREFIXES are:

be-, ent-, emp-, er-, ge-, hinter-, ver-, zer-, miß-, voll-, wider-

(*a*) Inseparable prefixes are unaccented.

(*b*) Most verbs having inseparable prefixes are transitive, i.e. they have a direct object.

(*c*) Verbs compounded with inseparable prefixes do not have **ge-** in the past participle.

(*d*) Verbs so formed may be either strong or weak:

besuchen	besuchte	besucht	*visit*
widersprechen	widersprach	widersprochen	*contradict*

§ 67. Function of Inseparable Prefixes

be- (i) to provide with something:

bedecken	*cover*
bekleben	*paste over with*
bekleiden	*clothe*
beleuchten	*illuminate*
benebeln	*cloak in mist*
bescheinigen	*certify*
beschenken	*present a person with something*

(ii) indicates fulfilment of the action:

befestigen	*make secure, strengthen*
befeuchten	*moisten*
befreien	*liberate*
bereichern	*enrich*
beruhigen	*calm*
betäuben	*numb, anaesthetize*

ent- (i) indicates beginning of an action:

entbrennen	*blaze up*
entflammen	*flame up*
entstehen	*come into existence*
entzünden	*ignite*

(ii) indicates opposite of the simple verb, removal, separation (cf. English *dis-, off-, un-*):

entfärben	*lose colour*
entgleisen	*derail*
entkohlen	*decarbonize*
entkommen	*escape*
entladen	*discharge* (Physics)
entlassen	*dismiss*
entnehmen	*take from*
entsäuern	*free from acid*
entvölkern	*depopulate*
entwurzeln	*uproot*

emp- is used before an 'f'; only three examples:

empfangen	*receive*
empfehlen	*recommend*
empfinden	*feel, experience*

er- (i) also indicates beginning of a state or action:

erblinden	*go blind*
erblühen	*come into flower*
ergrauen	*turn grey*
erhitzen	*heat*
erkälten	*catch cold*
erkalten	*grow cold*
erkranken	*fall ill*
erwärmen	*heat*

(ii) denotes the result of the action:

erblicken	*catch sight of*
erbringen	*produce (evidence, &c.)*
erdrücken	*suffocate*
erfahren	*know (from experience)*
erfolgen	*result*
ergänzen	*complete*
erhalten	*obtain*
erkennen	*recognize*
ermöglichen	*make possible*
erlöschen	*extinguish*
erschweren	*make heavier, more difficult*
erwerben	*acquire*

ge- often means completion of the action:

gelangen	*arrive at*
gelingen	*succeed*
genesen	*recover, get better*
gerinnen	*curdle*
gewähren	*grant petition or request*
gewinnen	*get, win, obtain, mine*

ver- can have the following meanings:

(i) the opposite of the simple verb:

achten	*esteem*	verachten	*despise*
bilden	*form*	verbilden	*form in the wrong way*
blühen	*bloom*	verblühen	*wither*
drehen	*turn*	verdrehen	*distort*
führen	*lead*	verführen	*lead astray*

| kaufen | *buy* | verkaufen | *sell* |
| laufen | *run* | sich verlaufen | *lose one's way* |

(ii) 'away'

| schenken | *give* | verschenken | *give away* |
| treiben | *drive* | vertreiben | *drive away, expel* |

(iii) 'wrong, amiss', especially of reflexives:

| rechnen | *calculate* | sich verrechnen *make a mistake in calculation* |
| sprechen | *speak* | sich versprechen *make a mistake in talking; slip of the tongue* |

(iv) frequently used with adjectives, adverbs, and nouns to form verbs:

vergrößern	*make bigger, enlarge*
verkleinern	*make smaller, reduce*
verlängern	*lengthen*
vermehren	*increase*
versteinern	*petrify*

zer- indicates destruction, completeness:

brechen	*break*	zerbrechen	*smash*
drücken	*press*	zerdrücken	*squeeze flat*
mahlen	*grind*	zermahlen	*pulverize*
stören	*disturb*	zerstören	*destroy*

miß- has the same meaning as the English prefixes *mis-, dis-*:

verstehen	*understand*	mißverstehen	*misunderstand*
billigen	*approve*	mißbilligen	*disapprove*
brauchen	*use*	mißbrauchen	*misuse*

wider- corresponds to the English *with-, against, contra-, counter:*

rufen	*call*	widerrufen	*countermand*
sprechen	*speak*	widersprechen	*contradict*
stehen	*stand*	widerstehen	*withstand, resist*
streben	*strive*	widerstreben	*oppose*

§ 68. SEPARABLE PREFIXES may be **adverbs, prepositions, adjectives,** or **nouns** which qualify and hence change the meanings of the simple verbs to which they are attached. Verbs which already have an inseparable prefix may also take a separable prefix, e.g. anvertrauen *entrust*.

(i) Separable prefixes are always accented: áufstehen (*get up*).

(ii) Verbs compounded with separable prefixes may be strong or weak.

(iii) A separable prefix is detached and goes to the end of a simple sentence if the verb is in either the present or simple past tense:

Der Bernstein kommt meist in rundlichen oder stumpf-kantigen Stücken *vor*.
Amber is mainly found as round or blunt-edged pieces.

(iv) In a dependent clause with a present or simple past tense the verb which will be at the end is linked up again with its prefix:

Durch Reiben mit einem Lappen wird Bernstein stark elektrisch, so daß er leichte Körperchen, Papierschnitzel u. dergl. *anzieht*.
On being rubbed with a rag amber becomes strongly charged so that it attracts small light bodies, pieces of paper, and such like.

(v) The **ge-** of the past participle comes between the prefix and the root of the verb. There will, of course, be no **ge-** in the past participle if the separable prefix is attached to a verb which already has an inseparable prefix:

Das Leuchtgas hat er aus Steinkohle *hergestellt*.
He produced coal-gas from steam-coal.

(vi) The infinitive 'zu' (*to*) comes between the prefix and the verb:

Die Ingenieure arbeiteten die ganze Nacht hindurch, um den Strom wiederher*zu*stellen.
The engineers worked throughout the night in order to restore the (electric) current.

Note. The use of verbs with separable prefixes is very common in German; they cannot be ignored without altering the meaning of the verb. Hence it is very important to look to the end of a simple sentence or clause to see whether there is a prefix.

§ 69. Prefixes which may be either Separable or Inseparable:

The following prepositions used as prefixes may be either separable or inseparable:

durch- hinter- über- um- unter-,

also the adverb wieder-.

1. If used in their literal meaning they are accented and hence separable:

Der Junge hat sein Lineal durchgebrochen.

The boy has snapped his ruler in two.

Er setzte uns ans andere Ufer über.

He ferried us across to the other bank.

Wir kleideten uns um.

We changed our clothes.

Ich hielt dem Verletzten meinen Arm unter.

I supported the injured man with my arm.

Holen Sie die Zange wieder.

Fetch the pincers again.

2. If used with a figurative meaning they are unaccented and hence inseparable:

Die Truppen durchbrachen die feindlichen Linien.

The troops broke through the enemy lines.

Wir umkleideten den Heizkörper mit einem Gitter.

We put a guard round the heater.

Die Studenten unterhielten sich mehr als eine Stunde über dieses Problem.

The students discussed this problem for more than an hour.

Wollen Sie mir bitte diesen Artikel ins Englische übersetzen?

Will you please translate this article into English for me?

Da der Versuch leider mißlungen ist, müssen wir ihn morgen wiederholen.

As the experiment, unfortunately, was a failure we have to repeat it tomorrow.

Translate:

Gemenge und Verbindung

In ein trockenes Probierglas füllen wir 7 Gramm möglichst fein pulverisiertes Eisen und 4 Gramm Schwefelblumen. Da Eisen etwa das spezifische Gewicht 7, Schwefel aber das spezifische Gewicht 2 hat, kann man in Ermangelung einer Waage auch 1 Raumteil Eisenpulver (z. B. 3 Kubikzentimeter) mit 2 Raumteilen Schwefelpulver (z. B. 6 Kubikzentimeter) vermischen. Nach kräftigem

Umschütteln nimmt der Probierglasinhalt ein einheitliches, graues Aussehen an; die Farbe liegt etwa in der Mitte zwischen den Farben der Bestandteile. Unter der Lupe oder unter dem Mikroskop sieht man helle Schwefelteilchen neben schwarzen Eisenteilchen liegen. Bringt man eine Probe der Mischung in ein zweites Probierglas und schüttelt mit viel Wasser um, so setzt sich das schwerere Eisenpulver rasch am Boden ab, der leichtere Schwefel ist auf diese Weise bequem abzusondern. Mit Schwefelkohlenstoff kann man aus einer weiteren Probe den Schwefel leicht herauslösen; läßt man die Flüssigkeit nach dem Filtrieren verdunsten, so scheidet sich der gelöste Schwefel wieder aus. Durch Hineinhalten eines Magneten kann man aus einem weiteren Teil der Mischung das Eisen herausziehen; es bleibt schließlich gelber Schwefel zurück.

Adapted from HERMANN RÖMPP, *Chemie Experimente, die gelingen*, 1949, S. 61/2.

Kohlensäure

Wir werfen kleine Sodabrocken in einen Zylinder und gießen verdünnte Salzsäure darüber. Sofort setzt heftiges Aufschäumen ein. Das aufsteigende Gas hat vor allem zwei wichtige, kennzeichnende Eigenschaften; es bringt ein brennendes Streichholz (oder eine Kerzenflamme) zum Erlöschen und gibt beim Umschütteln mit Kalkwasser eine milchige Trübung, die sich nach Zusatz von Salzsäure leicht wieder auflöst. Um die Kalkwassertrübung vorzuführen, geben wir in einen zweiten Zylinder (oder in ein Probierglas) etwas klares Kalkwasser und gießen die unsichtbare Kohlensäure hinein. Dann bedecken wir Zylinder II mit einer Glasplatte und schütteln einige Zeit um. Inzwischen hat sich die Trübung des Kalkwassers eingestellt.

Kohlensäure, oder richtiger Kohlendioxyd, stellt man nicht nur aus Soda und Salzsäure, sondern auch aus Natron, Pottasche, Kalkstein, Marmor oder Schlämmkreide und aus verdünnter Schwefelsäure, Salpetersäure, Essigsäure oder vielen organischen Säuren her. Man braucht immer ein Karbonat und eine Säure; doch läuft der Prozeß bei den verschiedenen Ausgangsmaterialien mit stark wechselnder Geschwindigkeit. Kalksteine oder kalkhaltige Böden erkennt man regelrecht am Aufbrausen nach Salzsäurezusatz. Bei groben Kalkstein- oder Marmorbrocken und verdünnter Schwefelsäure klappt der Versuch nicht recht, da sich hier eine oberflächliche, unlösliche Gippsschicht bildet, welche der

Salzsäure den Zutritt zu den tiefern Kalkstellen sperrt, dagegen erhält man aus Schlämmkreide (feinpulverisiertes Kalziumkarbonat, $CaCO_3$) und verdünnter Schwefelsäure genügend Kohlendioxyd.

> Adapted from HERMANN RÖMPP, *Chemische Experimente, die gelingen,* 1949, S. 127/8.

XIV
FUTURE AND CONDITIONAL TENSES AND PASSIVE VOICE

§ 70. THE VERB 'WERDEN'

The verb 'werden' has three separate functions, viz.:

(*a*) it can be an independent verb meaning to *become, change,* or *turn into*;

(*b*) it is the auxiliary used to form the future and conditional tenses;

(*c*) it is used as the auxiliary to form the passive voice.

Failure to distinguish between these functions is one of the commonest mistakes made by the beginner.

§ 71. CONJUGATION OF 'WERDEN' AS AN INDEPENDENT VERB

werden (infinitive) *become, turn or change into*
werdend (present participle) *becoming, &c.*
geworden (past participle) *became*

Indicative

Present		Past	
ich werde	*I become, am becoming*	ich wurde	*I became*
er ⎫		er ⎫	
sie ⎬ wird		sie ⎬ wurde	
es ⎭		es ⎭	
wir ⎫		wir ⎫	
Sie ⎬ werden		Sie ⎬ wurden	
sie ⎭		sie ⎭	

Present Perfect	Past Perfect
ich bin geworden *I have be-come, I became*	ich war geworden *I had become*

er
sie } ist geworden
es

wir
Sie } sind geworden
sie

er
sie } war geworden
es

wir
Sie } waren geworden
sie

Examples:

Die Platten wurden schwarz.
The (photographic) plates turned black.

Er ist Professor geworden.
He has become a professor.

§ 72. The Future and Conditional Tenses

Simple Future	Future Perfect
ich werde arbeiten *I shall work*	ich werde gearbeitet haben *I shall have worked*

er
sie } wird arbeiten
es

wir
Sie } werden arbeiten
sie

er
sie } wird gearbeitet haben
es

wir
Sie } werden gearbeitet haben
sie

Examples:

Der Staat wird einen Kernreaktor bauen
The State is going to (will) build a nuclear reactor.

Sie werden wohl davon gehört haben?
You will probably have heard about it?

Note. The simple future is often replaced, particularly in spoken German, by the present tense plus an adverb expressing the future, as in:

Ich kaufe nächsten Monat einen Wagen.
I shall buy (am buying, am going to buy) a car next month.

The future perfect, because of its somewhat clumsy formation, is not often used. The present perfect is used instead. Thus:

Sie werden wohl davon gehört haben is replaced by:
Sie haben wohl davon gehört?

66

Conditional	*Conditional Perfect*
ich würde glauben *I should believe*	ich würde geglaubt haben *I should have believed*
er ⎫ sie ⎬ würde glauben es ⎭	er ⎫ sie ⎬ würde geglaubt haben es ⎭
wir ⎫ Sie ⎬ würden glauben sie ⎭	wir ⎫ Sie ⎬ würden geglaubt haben sie ⎭

Examples:

> Es würde im Rahmen dieses Berichtes zu weit führen.
> *It would extend beyond the scope of this report,* lit. *it would within the limit of this report lead too far.*

> Ich würde nicht geglaubt haben, daß . . .
> *I should not have believed that . . .*

Note. The conditional forms are not strictly tenses but a variation of the subjunctive. Hence the imperfect subjunctive often replaces the simple conditional, and the past perfect subjunctive the conditional perfect.

> er trüge = er würde tragen
> *he would wear*
> er hätte getragen = er würde getragen haben
> *he would have worn*

For the formation and uses of the subjunctive, see Chapter XVII.

§ 73. THE PASSIVE VOICE

Only transitive verbs, i.e. verbs which govern an accusative, can be turned directly into the passive. What was accusative in the active form, becomes nominative in the passive.

Conjugation of the Passive Voice

> gezwungen werden present infinitive
> *to be compelled*

> gezwungen worden sein perfect infinitive
> *to have been compelled*

Indicative

Present

ich werde gezwungen
I am (being) compelled

er
sie } wird gezwungen
es

wir
Sie } werden gezwungen
sie

Past

ich wurde gezwungen
I was compelled

er
sie } wurde gezwungen
es

wir
Sie } wurden gezwungen
sie

Present Perfect

ich bin gezwungen **worden**
I have been compelled

er
sie } ist gezwungen **worden**
es

wir
Sie } sind gezwungen **worden**
sie

Past Perfect

ich war gezwungen **worden**
I had been compelled

er
sie } war gezwungen **worden**
es

wir
Sie } waren gezwungen **worden**
sie

Future

ich werde gezwungen werden
I shall be compelled

er
sie } wird gezwungen werden
es

wir
Sie } werden gezwungen werden
sie

Future Perfect

ich werde gezwungen **worden**
sein   *I shall have been com-*
pelled

er
sie } wird gezwungen **worden**
es } **sein**

wir
Sie } werden gezwungen **wor-**
sie } **den sein**

Conditional

ich würde gezwungen werden
I should be compelled

er
sie } würde gezwungen werden
es

wir
Sie } würden gezwungen werden
sie

Conditional Perfect

ich würde gezwungen **worden**
sein, &c., is usually replaced
by

ich wäre gezwungen **worden,**
&c. *I should have been com-*
pelled, &c.

68

Note:

1. The form corresponding to 'been' is 'worden', not 'geworden'. 'worden' is the infallible sign of a perfect passive tense.

2. In addition to the passive expressing action and formed, as above, with the auxiliary 'werden', there is also a passive denoting a *state* which is formed with the auxiliary 'sein'. Cf. the following:

Um 7 Uhr (*a*) wurde die Bibliothek geschlossen.
        (*b*) war die Bibliothek geschlossen.

(*a*) implies that the library was in process of being closed at 7 o'clock and (*b*) indicates that it had been closed at some point prior to 7 o'clock.

§ 74. Agent in the Passive

The agent in German is *never* preceded by the preposition 'bei'. According to the nature of the agent one of the following prepositions is used:

1. *von*—mainly for persons:

   Die Grube wird von deutschen Ingenieuren geleitet.
   The mine is run by German engineers.

2. *durch*—for elements and inanimate objects:

   Die kupferreichen Erze werden fein gemahlen und im Freien ausgebreitet. Im Laufe von 2–5 Jahren wird durch das Regenwasser das Kupfer ausgelaugt.
   The rich copper-bearing ores are finely ground and spread out in the open air. It takes 2–5 years for the copper to be washed out by the rain.

3. *mit*—for instruments:

   Die Temperaturdifferenz wird mit Thermoelementen gemessen.
   The difference in temperature is measured with thermocouples.

§ 75. Impersonal Passive with 'es'

Many intransitive verbs, which cannot be turned directly into the passive, and also some transitive verbs can be turned into an impersonal passive with 'es' as the subject.

Es wurde viel geredet und wenig gearbeitet im Laboratorium.
There was much talk and little work going on in the laboratory.

Es wurde der Versuch gemacht, Gold aus anderen Stoffen zu machen.
The attempt was made to make gold from other substances.
('Versuch' means both *experiment* and *attempt*.)

Sometimes the 'es' is omitted:

Ihm wird gehorcht.
He is obeyed.

§ 76. OTHER WAYS OF EXPRESSING THE PASSIVE

In contrast to English, German uses the passive construction less frequently. The four chief alternatives it employs are:

1. the indefinite pronoun 'man' (*one*) with an active verb (see § 22);
2. reflexive verbs (see § 84);
3. certain intransitive verbs;
4. the verb 'sein' and an active infinitive preceded by 'zu'.

1. *'man' with an active verb*

This construction is extremely common. Two points call for comment:

(*a*) the indefinite pronoun 'man' should not be confused with the noun 'Mann';

(*b*) in most instances this construction should not be translated literally but rendered by the passive in English. Failure to do this results in artificial English.

Example:

Man kann Karbohydraten in drei Gruppen einteilen.
Carbohydrates can be divided into three groups.

2. *Reflexive verbs*

Die Triphenylmethanfarbstoffe leiten sich vom Anilin, vom Toluidin und von deren Abkömmlingen ab.

Triphenylmethane dyes are derived from aniline, toluidine, and from their derivatives.

The commonest reflexive verb used in this way is 'sich lassen' plus an active infinitive. The latter must be translated by a passive infinitive.

Stahl ist bei 1400° flüssig und läßt sich gießen.
Steel liquifies at 1400° and can be cast. Lit. *allows itself to be cast.*

3. *Certain intransitive verbs*, e.g.

beruhen (auf)	*be based on*
entstehen	*originate from, be formed*
gelten (als)	*be regarded as*
heißen	*be called*
liegen	*be situated*
vorkommen	*be found, occur*

Dieses Ergebnis beruht auf einem Rechenfehler.
This result is based on an error in calculation.

Er galt als einer der fähigsten Chemiker seiner Zeit.
He was regarded as one of the ablest chemists of his time.

4. *'sein' and an active infinitive preceded by 'zu':*

This construction is not unknown in English, cf. *This house is to let.* German uses it very much more often and with any active verb.

Es war nun die Frage zu beantworten, ob . . .
The question to be answered now was whether . . .

Translate:

(a) *Zur Bestimmung des Urangehalts in Erzen*

Zur Bestimmung des Urangehalts in Erzen bei Gegenwart großer Fremdmetallgehalte hat *D. I. Legge* folgendes polarographische Verfahren ausgearbeitet: Die Probe, 20 μg bis 1 mg U entsprechend, wird nach Möglichkeit gelöst und ohne Abtrennen der ungelösten Bestandteile eingedampft. Dann wird nach Zusatz von 3 ml 3n Salpetersäure und 3 g Calciumnitrat erwärmt und diese Lösung (ebenfalls mit den ungelösten Anteilen) mit so viel Cellulosepulver (Whatman-Standard) versetzt, daß sämtliche Lösung adsorbiert ist. Mit 25 ml eines Gemisches aus konz. Salpetersäure und 5% Äther wird dieses Präparat dann auf eine chromatographische Säule gegeben, die aus 5–10 g Cellulosepulver mit dem gleichen

Gemisch angesetzt ist (30 mm Durchmesser), und anschließend mit 4 weiteren Portionen von je 15 ml Gemisch eluiert. Nach dieser vorgelagerten Trennung von Fremd-Ionenüberschüssen wird das Perkolat mit 10 ml Wasser versetzt, der Äther abgedampft, die Lösung 1 min zum Sieden erhitzt, mit 1 ml 3m Schwefelsäure bis zum Auftreten von Dämpfen abgeraucht, dann nach dem Abkühlen und nach Zugabe von 0,5 ml konz. Salpetersäure abermals, und nach Zugabe von 2 ml Wasser und 2 Tropfen Überchlorsäure ein letztes Mal abgeraucht, so daß sämtliche organische Substanz sicher oxydiert ist. Diese Probe (etwa 0,15 ml) wird nun mit 2,85 ml frisch bereiteter Grundlösung vermischt (0,5 m Oxalsäurelösung mit 0,1 Vol % Salzsäure und 0,015 % Gelatine), und 2 ml hiervon werden bei 25° C gegen die Quecksilberbodenanode von 0 bis −0,5 V polarographiert ($m^{\frac{2}{3}}t^{\frac{1}{6}} = 2,60$) nachdem zuvor mit Stickstoff entlüftet ist.

Enthält die Probe weniger als 20 μg U je ml, so wird ein konstanter Uranzusatz von 0,001 % als Uranylsulfat empfohlen. Der bei −0,5 V gemessene und um den Grundstrom korrigierte Diffusionsstrom ist im Bereich 10^{-5} bis $4 \cdot 10^{-3}$ m Lösung der Konzentration linear proportional. Fremd-Ionen stören in den nach der Behandlung mit Cellulose vorliegenden Konzentrationen nicht, wenn eine Fehlergrenze von ±5 % zugelassen wird.

'Bericht: Chemische Analyse anorganischer Stoffe', *Fresenius' Zeitschrift für Analytische Chemie*, Bd. 147, 1955, S. 136.

(b) Elektrostatik

In der Elektrostatik werden alle Erscheinungen behandelt, die reibungselektrische Verhältnisse, wie sie zuerst am Bernstein beobachtet wurden, betreffen. Schon hier kann zwischen zwei Sorten elektrischer Ladungen unterschieden werden. Das grundlegende Instrument zu einem solchen Nachweis heißt Elektroskop.

Das Instrument besteht aus einem Glasgefäß, in das ein Metallstab hineinreicht. Dieser Metallstab enthält am oberen Ende zwei Goldplättchen. Nähert man dem Kugelende des Stabes einen elektrisch geladenen Körper, so werden sich im oberen Ende des Stabes die entgegengesetzten Ladungen ansammeln als die des geladenen Körpers. Hingegen werden in das untere Ende des Stabes die gleichen Ladungen abgedrängt. Die beiden Plättchen sind infolgedessen gleichartig aufgeladen, stoßen sich ab und zeigen auf diese Weise die Ladung des der Kugel angenäherten Körpers an.

Das fundamentale Gesetz, das diesen kleinen Apparat so deutlich funktionieren läßt, heißt das „Coulombsche Gesetz". Dieses Gesetz läßt sich in folgenden Teilen aussprechen:

1. Gleichnamige Ladungen stoßen sich ab, ungleichnamige Ladungen ziehen sich an.

2. Die Kraft, mit der ein elektrisch geladener Körper auf einen anderen elektrisch geladenen Körper wirkt, ist proportional dem Produkt der elektrischen Massen und umgekehrt proportional dem Quadrat der Entfernung.

Zur Erzeugung elektrostatischer Ladungen dient seit *Otto von Guericke* (1602–1686) die Elektrisiermaschine, die im wesentlichen aus einer drehbaren Glasscheibe besteht, die durch die Drehung gerieben wird, so daß in ihr Ladungen zustande kommen, die dann durch ein besonderes Prinzip abgenommen und in hohlkugeligen „Sammlern" (Kondensatoren) aufgespeichert werden. Man muß festhalten, daß durch die Reibung elektrische Ladungen natürlich nicht erzeugt werden im Sinne einer Schöpfung aus dem Nichts, sondern daß es nur darauf ankommt, die in jedem Körper gleichmäßig verteilten entgegengesetzten Ladungen, die zusammen den Körper elektrisch neutral wirken lassen, zu trennen, so daß das Elektrisch-machen eines Körpers so viel bedeutet wie das Abfließenlassen einer Ladungssorte zu besorgen, so daß der Körper nur noch eine Art von Ladung zeigt, die durch ein Elektroskop konstatiert werden kann.

KARL ZINK, 'Was ist Elektrizität?'*Berckers Kleine Volksbibliothek*, No. 1026, 1950, S. 18/19.

(c) Die technologischen Erfahrungen der anderen

Was wir über den Reaktorenbau wissen und erfahren, stammt durchweg aus ausländischen Quellen. Was wirklich an Erfahrungen gewonnen wurde, erfahren wir erst bis zu zwei Jahren später und meist nur in summarischer Form. Das, was heute in Amerika und, wie die Genfer Atomkonferenz gezeigt hat, in Sowjetrussland im Bau neuer Reaktoren gewagt und verantwortet wird, deutet auf ein gewaltiges, für deutsche Verhältnisse unerreichbares Maß an praktischer Entwicklungsarbeit.

Sicherlich werden uns einmal viele Umwege erspart bleiben.

Jeder Reaktor, jedes Kernkraftwerk, das heute gebaut wird, ist wahrscheinlich in Kürze unmodern, vielleicht sogar total unwirtschaftlich oder nicht betriebstüchtig genug. Das alles werden wir zwangsläufig sparen. Aber wir glauben nicht, daß uns alles geschenkt werden wird. Die technologischen Erfahrungen und viele physikalische und chemische Erkenntnisse werden uns ganz gewiß nicht von den anderen geschenkt werden.

KURT JAROSCHEK, 'Friedliche Nutzbarmachung der Kern-energie', *Frankfurter Hefte*, 10. Jahrg., 9 Heft, September 1955, S. 638.

XV
NUMERALS

§ 77. CARDINAL NUMBERS

1	ein(s)	11	elf	21	einundzwanzig
2	zwei	12	zwölf	22	zweiundzwanzig, &c.
3	drei	13	dreizehn	30	dreißig
4	vier	14	vierzehn	40	vierzig
5	fünf	15	fünfzehn	50	fünfzig
6	sechs	16	se**ch**zehn	60	se**ch**zig
7	sieben	17	sie**b**zehn	70	sie**b**zig
8	acht	18	achtzehn	80	achtzig
9	neun	19	neunzehn	90	neunzig
10	zehn	20	zwanzig	100	hundert

101 hundertundeins 1000 tausend 1 000 000 eine Million

Note:

(a) With the exception of *ein* the cardinals are not declined. *Ein* when used with a noun is declined like the indefinite article; when used without a noun it is declined like an adjective, e.g. einer von ihnen (*one of them*). The neuter *eines* is often shortened to *eins*.

(b) The numerals 'sechs', 'sieben' drop the **-s** and **-en** respectively before adding -zehn and -zig. 'dreißig' has -ß- instead of -z-.

(c) The suffix **-mal** is added to the cardinals, either to the word or the figure, to express repeated times.

einmal	*once*
zehnmal	*ten times*
30mal	30 *times*

(*d*) Likewise the suffix **-fach** (English *-fold*) may be added to cardinal numbers or indefinite expressions of quantity.

einfach	*single, simple*
dreifach	*threefold*
fünffach	*fivefold*
vielfach	*manifold*, also means *frequently*.

§ 78. ORDINAL NUMBERS

Ordinal numbers are formed from the cardinals by adding **-t** to 2–19 and **-st** from 20 upwards.

They are then declined like adjectives, e.g. der zweite, das zehnte, die dreiunddreißigste.

The following are irregular: der erste, das dritte, das siebte (though the regular form 'siebente' is also used), die achte (with **one** t).

Note:

1. When ordinals are written as figures, instead of words, a full stop is placed after the figure. This form is commonly used in the date at the head of a letter, e.g. den 5. Juli, though in reading it the full ending is given — den fünften Juli. (The case is the accusative which is used to indicate definite time.)

2. Adverbs (*firstly*, *secondly*, &c.) are formed by adding the suffix **-ens** to the ordinals:

	erstens	*firstly*
	zweitens	*secondly*
Note:	drittens	*thirdly*

§. 79. FRACTIONS

Fractions are formed by adding -l to the ordinal number, e.g. das Viertel, das Hundertstel.

With the exception of die Hälfte (*half*), fractions are neuter nouns.

Note. $1\frac{1}{2} =$ {anderthalb
ein (und) einhalb; $1\frac{1}{2}$ million $=$ ein und eine halbe Million.

§ 80. DECIMALS

An important point in connexion with decimals is that German uses the comma for the decimal point. Gross errors in calculation will result if this significant difference is overlooked.

Thus

German		*English*
188,32	=	188·32

As the comma cannot be used in German to separate three-digit groups it is replaced by a printer's space, as in the following:

$$200\ 045,98 = 200,045{\cdot}98.$$

Translate:

Seit den Tagen von Hiroshima und Nagasaki bis Ende 1954 sind an verschiedenen Orten unseres Planeten sicher festgestellt weitere 57 A-Bomben versuchsweise zur Explosion gebracht worden, — im April/Mai 1952 bereits eine mit der Wirkung von einer Million Tonnen Trotyl, des stärksten chemischen Sprengstoffes; diese Menge entsprach dem Fünfzigfachen der Bombe von Hiroshima, die ihrerseits viertausendmal energiereicher war als die Riesenbomben von fünf Tonnen Gewicht, die am Ende des vergangenen Krieges von den Fliegenden Festungen über Deutschland abgeworfen wurden.

In der Zwischenzeit, nämlich von November 1952 bis November 1954, wurde aber ein bis Zweitausendfachen an Energie wiederum der A-Bombe überlegener Sprengkörper hergestellt. Von ihm sind in den USA und in der UdSSR mittlerweile mindestens zehn Exemplare erprobt worden. Er trägt das nachgerade berüchtigt werdende Zeichen „H", den Buchstaben, der für das chemische Element Wasserstoff steht. Die Reichweite der unmittelbaren Zerstörungskraft dieses Sprengkörpers ist fünfundsiebzig Kilometer im Durchmesser. Er hat der Erde bis jetzt eine Bodenmasse in der Größenordnung von einer Milliarde Tonnen entrissen, deren überwiegenden Teil er dreißig bis vierzig Kilometer in die Stratosphäre hochschleuderte. Wir wissen ja, daß schon die allererste Wasserstoffbombe die Pazifikinsel Elugelab vollständig zum Verschwinden gebracht hat. Die Hitze, die unmittelbar bei der Explosion in einem Raum von der Größe einer Orange ent-

wickelt wird, entspricht dem Fünffachen der Hitze, die im Innern
der Sonne herrscht: bis zu hundert Millionen Grad Celsius.

EUGEN KOGON, 'Hat die Stunde H geschlagen?', *Frankfurter
Hefte*, 10. Jahrg., 9. Heft, September 1955, S. 627.

XVI

FURTHER NOTES ON VERBS

§ 81. IMPERSONAL VERBS

1. Impersonal verbs express an action without indicating who
performs it, i.e. there is no definite subject. Instead the indefinite
'es' of the third person singular is used. There is no passive of an
impersonal verb.

2. Impersonal verbs are:

(*a*) Those dealing with the weather and other natural phenomena:

es donnert	*it is thundering*
es regnet	*it is raining*
es dunkelt	*it is getting dark*

(*b*) Verbs expressing shortage, want, &c. The person suffering
the shortage is in the dative case; the thing lacking is preceded by
the preposition *an* and its case is likewise the dative:

Es fehlt mir an den nötigen mathematischen Kenntnissen.
I lack the necessary mathematical knowledge.

Es mangelt uns an Sachverständigen auf diesem Gebiet.
We are short of experts in this field.

Es gebrach ihm an jeder selbstverständlichen Höflichkeit.
He lacked all common courtesy.

(*c*) The verb 'es gibt', 'es gab', 'es hat gegeben', &c., meaning
there is, there are, there was, there were, &c. This verb has a direct
object, either singular or plural:

Es gibt aber noch keinen zweimotorigen Hubschrauber, der
bisher über Versuchsflüge hinausgekommen ist.
*There is still no two-engined helicopter which up to the present
has got beyond trial flights.*

Es gibt drei Arten technischen Eisens: Schmiedeeisen, Stahl, und Gußeisen.

There are three types of industrial iron: wrought iron, steel, and cast iron.

(*d*) Verbs expressing emotions, physical pleasures and discomforts. The person experiencing such feelings is expressed either by the accusative or the dative:

es ärgert mich	*it makes me angry*
es freut mich	*I am glad*
es gefällt mir	*I like it*
es fröstelt mich	*I feel chilly*
es hungert mich	*I am hungry*

Where the pronoun 'es' is not the first word of the sentence or clause it is dropped altogether:

ihn fror sichtlich	*he was obviously freezing*

(*e*) Some common verbs:

es handelt sich um	*it concerns, is a question of*
es gelingt (ihm, &c.)	*he (&c.) succeeds*
es gilt	*it holds good, is valid, means*
es geschieht	*it happens*
es zeigt sich	*it is apparent*

(For the use of the impersonal passive with 'es', see § 75.)

§ 82. VERBS GOVERNING ACCUSATIVE AND GENITIVE

1. Some verbs have a double object, a personal object in the accusative, and an inanimate, or thing, object in the genitive. The following are common examples:

anklagen	*indict, accuse*
berauben	*rob*
entheben	*relieve (of a post, &c.)*
überzeugen	*convince*
versichern	*assure*
würdigen	*deem worthy of*

Es wurde beschlossen, den Bürgermeister seines Amtes zu entheben.

It was decided to relieve the mayor of his office.

78

2. The following reflexive verbs among others also take an accusative (of the reflexive pronoun) and the genitive of the thing:

sich annehmen	*take charge of, look after*
sich bedienen	*avail oneself of, use*
sich befleißigen	*apply oneself to, study*
sich bemächtigen	*seize, take possession of*
sich (er)freuen	*rejoice at*
sich enthalten	*abstain from*
sich erinnern	*remember*

Ich muß mich des Urteils darüber enthalten.
I must defer judgement on it.

Note. In colloquial German the genitive with some of the verbs in the above groups has been replaced by an appropriate preposition governing either the accusative or dative. In the written language the genitive is still frequently used.

§ 83. VERBS GOVERNING THE DATIVE

1. The dative of the person, less seldom the dative of the thing, is used with the following common verbs:

ähneln	*resemble*	gefallen	*please*
antworten	*answer*	gehorchen	*obey*
begegnen	*meet*	gelingen	*succeed*
danken	*thank*	genügen	*suffice*
dienen	*serve*	glauben	*believe*
drohen	*threaten*	gleichen	*resemble*
entfliehen	*escape*	helfen	*help*
fehlen	*lack*	nahen	*approach*
folgen	*follow*	schaden	*damage*

2. Numerous compound verbs with the following *separable* prefixes ab-, an-, auf-, bei-, ein-, entgegen-, nach-, vor-, bevor-, zu-, zuvor- also take the dative, e.g.:

abraten	*dissuade from*	einleuchten	*be evident*
angehören	*belong to*	nachgeben	*yield*
auffallen	*notice by chance*	zuhören	*listen to*
beistehen	*aid*	zukommen	*fall to one's share*
beiwohnen	*attend*		
beistimmen	*agree*	zureden	*urge*
einfallen	*occur to*	zusagen	*accept (invitation)*

3. Similarly, compound verbs with *inseparable* prefixes, e.g.:

unterliegen	*succumb*	widerstreben	*oppose*
widersprechen	*contradict*	widerstreiten	*clash with*
widerstehen	*resist*	willfahren	*grant*

§ 84. Verbs governing the Genitive

Although many verbs governing the genitive have been replaced in the spoken language either by an accusative or a preposition with the appropriate case they still occur in more elevated style. Some of the more common are:

bedürfen	*need*
entbehren	*lack*
entwöhnen	*break (a habit)*
spotten	*defy (description, &c.)*

§ 85. Reflexive Verbs

1. If the subject and object of a verb are identical, i.e. if the person or thing performing the action is also the sufferer of the action, then such a verb is said to 'reflect back' or be reflexive. Cf. English *I wash myself*.

2. Reflexive verbs are used with the reflexive forms of the personal pronoun. They can govern either the accusative or the dative case.

Reflexive Pronouns

For the first person singular and plural, the accusative and dative of the personal pronoun are used as reflexive pronouns. Thus:

Acc.	mich	*myself*	uns	*ourselves*
Dat.	mir	*to myself*	uns	*to ourselves*

The only other reflexive pronoun which is likely to occur in scientific texts is the third person singular and plural. For this German has a special form for accusative and dative, both singular and plural, namely

sich   *himself, herself, itself, yourself (-selves), themselves*

§ 86. Notes on Reflexive Verbs

1. Reflexive verbs may be either strong or weak.
2. They are conjugated with 'haben'.

3. They have no passive voice.
4. Most transitive verbs can be made reflexive.
5. Most reflexive verbs govern the accusative, only a few take the dative.

With the Accusative

ich entschließe mich   *I decide*, &c.
er entschließt sich
wir entschließen uns
Sie ⎱
sie ⎰ entschließen sich

With the Dative

ich bilde mir ein   *I imagine*, &c.
er bildet sich ein
wir bilden uns ein
Sie ⎱
sie ⎰ bilden sich ein

Reflexive verbs are used much more often in German than in English. The 'sich' form is frequently found in scientific texts and can usually be dealt with either by omitting it in translation or by rendering the verb by a passive.

> Der Wasserstoff mischt sich mit der Luft in der Flasche und bildet Knallgas.

> *The hydrogen mixes with the air in the bottle and forms an explosive mixture of oxygen and hydrogen.*

> Sauerstoff findet sich in der Natur niemals in reinem Zustande.
> *Oxygen is never found naturally in a pure state.*

A reflexive verb with the dative can often be translated by a possessive adjective in English. This applies particularly to parts of the body, which are used with the definite article in German.

> Ich schnitt mir gestern die Haare ab.
> *I cut my hair off yesterday.*

Translate:

Physik der Kernspaltung

Es soll versucht werden, zu zeigen, wo heute etwa die Entwicklung im Reaktorbau steht. Aber zunächst ist es doch erforderlich, einen kurzen — allerdings sehr kurzen und großzügigen — Einblick in die physikalische Natur dieser Vorgänge zu geben, um denen das Verständnis zu erleichtern, die sich nicht näher mit der Kernenergie befassen.

Die Atome sind nicht, wie früher geglaubt wurde, die unteilbaren Grundelemente der Materie. Vielmehr wissen wir heute, daß jedes Atom aus einem Kern und einer Elektronenhülle besteht. Der Kern wiederum ist aus zwei Arten von Kernteilchen, Nukleonen genannt, zusammengesetzt. Jedem Proton im Kern entspricht ein negatives Elektron in der Elektronenhülle. Die Zahl der Elektronen in der Elektronenhülle aber bedingt den chemischen Charakter des Atoms. Ein Atom zum Beispiel, das nur aus einem Proton und einem Elektron besteht, nennt man Wasserstoff. Aluminium besteht aus 13 Protonen und 14 Neutronen im Kern. Den 13 Protonen entsprechen zur Neutralisierung des Atoms 13 Elektronen in der Elektronenhülle. So baut sich das periodische System der 92 Elemente auf. Das Uran ist das letzte in der Reihe der in der Natur vorkommenden Stoffe. Es besteht aus 92 positiv geladenen Protonen und 146 ungeladenen Neutronen im Kern und aus 92 Elektronen in der Elektronenhülle.

Während die Zahl der Protonen und Elektronen in jedem Atom eine feststehende Größe ist, kann sich die Zahl der Neutronen um 1-12 Neutronen unterscheiden. Da sich hierbei an den elektrischen Verhältnissen nichts ändert, ist zwar der chemische Charakter dieser Atome der gleiche. Sie stehen im periodischen System der Elemente am gleichen Platz und werden deshalb Isotope genannt; jedoch ist ihr physikalischer Charakter verschieden.

In jedem Atom werden die Kernbausteine durch die überaus starken Kernbindungskräfte zusammengehalten. Diese Kernbindungskräfte haben aber nur eine sehr geringe Reichweite und sind nur im Inneren des Atomkerns und in seiner unmittelbaren Nähe wirksam. Den Kernanziehungskräften wirken die elektrischen Abstoßungskräfte der positiv geladenen Protonen entgegen. Die Physiker haben sich über das Kräftespiel im Atomkern bereits ein Bild gemacht. Die auf diesen Vorstellungen beruhenden Berechnungen zeigen, warum gerade das am Ende des periodischen Systems der Atome liegende Uran spaltbar ist. Denn noch kompliziertere und aus einer noch größeren Anzahl von Kernbausteinen bestehende Atome sind nicht beständig und kommen in der Natur nicht vor.

Wenn ein freies Neutron so nahe an einem Urankern vorbei-
fliegt, daß es durch die Kernkräfte eingefangen wird, so stört es
das Kräftegleichgewicht im Kern so empfindlich, daß die elektrischen Abstoßungskräfte der positiv geladenen Kernprotonen
überwiegen und das Uran-Atom in zwei Bruchstücke zerfällt. Die
Bindungsenergie unterscheidet sich von der des ursprünglichen
Uran-Atoms in solcher Weise, daß ein sehr hoher Energiebetrag
frei wird, der sich vorwiegend in Geschwindigkeitsenergie der
Bruchstücke umsetzt. Wir registrieren diesen Vorgang als
Wärmeentwicklung.

> KURT JAROSCHEK, 'Friedliche Nutzbarmachung der Kern-
> energie', *Frankfurter Hefte*, 10. Jahrg., 9. Heft, September
> 1955, S. 632/3.

XVII
THE SUBJUNCTIVE MOOD

THE subjunctive expresses possibility, uncertainty, and unreality.

§ 87. FORMATION OF THE SUBJUNCTIVE

The subjunctive forms are easy to learn as, apart from 'sein',
they differ only slightly from the indicative:

Present Subjunctive of the Auxiliaries

haben	sein	werden
ich habe	ich sei	ich werde
er ⎫	er ⎫	er ⎫
sie ⎬ habe	sie ⎬ sei	sie ⎬ werde
es ⎭	es ⎭	es ⎭
wir ⎫	wir ⎫	wir ⎫
Sie ⎬ haben	Sie ⎬ seien	Sie ⎬ werden
sie ⎭	sie ⎭	sie ⎭

Past Subjunctive

ich hätte	ich wäre	ich würde
er ⎫	er ⎫	er ⎫
sie ⎬ hätte	sie ⎬ wäre	sie ⎬ würde
es ⎭	es ⎭	es ⎭

wir		wir		wir	
Sie	hätten	Sie	wären	Sie	würden
sie		sie		sie	

Present and Past Subjunctive of a Weak Verb

Present		Past	
ich zeige		ich zeigte	
er		er	
sie	zeige	sie	zeigte
es		es	
wir		wir	
Sie	zeigen	Sie	zeigten
sie		sie	

Present and Past Subjunctive of a Strong Verb

Present		Past	
ich ziehe		ich zöge	
er		er	
sie	ziehe	sie	zöge
es		es	
wir		wir	
Sie	ziehen	Sie	zögen
sie		sie	

Points to be noticed:

(a) Apart from 'sein', the present subjunctive differs from the indicative only in the 3rd person singular which is identical with the 1st person and hence ends in -e. This ending -e in the 3rd person singular is characteristic of the subjunctive as a whole.

(b) The auxiliaries modify their root vowel in the past subjunctive; so also do the strong verbs if the root vowel of the past indicative is 'a', 'o', or 'u'.

(c) The past subjunctive of a weak verb is identical with the past indicative.

§ 88. Uses of the Subjunctive

(a) *Wishes, commands, &c.*

The present subjunctive is used to express the imperative of the 3rd person singular and plural:

Seien Sie nur ruhig!
Be quiet!

Um Auskunft wende man sich an die Zentralstelle.
For information apply to the central office.

Die Gleichung einer Kurve sei in der Form $f(x+y) = 0$.
Let the equation of a curve be (given) in the form $f(x+y) = 0$.

(*b*) *Uncertainty, impossibility, and unreality*

Er sieht aus, als $\left.{\begin{matrix} \text{wenn} \\ \text{ob} \end{matrix}}\right\}$ er Tuberkulose hätte.

He looks as though he might have (had) tuberculosis.

The 'ob' or 'wenn' can be omitted; the verb then precedes the subject instead of going to the end of the clause:

Er sieht aus, als hätte er Tuberkulose.

Wenn ich Deutsche wäre. . . .
If I were a German. . . .

Man versuche sich nur einmal klarzumachen, wie das gesamte organische Leben auf dieser Erde aussehen würde, wenn es keine festen Körper gäbe.
Just try to visualize what the whole of organic life on this earth would look like if there were no solids.

(*c*) *Probability*

Modest assertion of probability is expressed by the past subjunctive of the modal auxiliary 'dürfen' (see Chap. XVIII). This construction is frequently used in scientific literature.

So können wir von weiteren Fortschritten der Meteoritenforschung Erkenntnisse erwarten, die über den engeren Rahmen der Astronomie hinaus auch andere Wissensgebiete befruchten dürften.
Thus from further research into meteorites we can expect information which may well benefit other branches of knowledge beyond the narrow sphere of astronomy.

(*d*) *Reported speech, thought, &c.*

The choice of the subjunctive or indicative in reported speech or thought is subjectively conditioned, i.e. it depends upon the intention of the speaker or writer. This does not mean that the one or the other may be used arbitrarily; if there is no shadow of doubt concerning the accuracy of the statement, &c., the indicative is used, otherwise the subjunctive. Thus

(i) Ich habe gehört, daß Herr Schmidt zum Bürgermeister erwählt worden ist.

(ii) Ich habe gehört, daß Herr Schmidt zum Bürgermeister erwählt worden sei.

I hear that Herr Schmidt has been elected mayor.

In (i) the indicative is used as the speaker is certain that the information is correct. In (ii) the subjunctive is used to convey the impression that as far as the speaker is concerned the information is still subject to confirmation.

The 'daß' may be omitted, in which case the construction will be that of normal order:

Ich habe gehört, Herr Schmidt $\left.{{\rm ist} \atop {\rm sei}}\right\}$ usw.

In scientific literature the use of introductory phrases such as „Ich habe gehört", &c., are unusual. They are replaced *inter alia* by „nach X" (*according to X*) or by some word which indicates thought, view, belief, &c.

> Ein Grundgesetz, ein Spezialfall des Gesetzes von der Erhaltung der Kraft, ist schon von Lavoisier aufgestellt, nämlich daß zur Zerlegung einer Verbindung ebensoviel Wärme erforderlich **sei**, als bei ihrer Bildung aus den Elementen frei **werde**.
> *A basic law, a special example of the law concerning the conservation of energy, had already been formulated by Lavoisier, namely that just as much heat is required in the decomposition of a compound as is released on its formation from the elements.*

Here 'Grundgesetz', implying that Lavoisier's views were involved in its formulation, calls for the subjunctive.

(*e*) *As an alternative to the conditional:*

> Wenn es gelänge, die Bildung des Fermentes im Fliegenkörper zu unterdrücken, wäre damit eine Waffe gegen die zunehmende Widerstandsfähigkeit der Fliegen gegen DDT gefunden.
> *If the formation of enzyme in the fly's body could be suppressed, it would provide a weapon against the increasing resistance of flies to DDT.*

The shorter form of the past subjunctive, both active and passive, is preferred to the clumsier conditional. The past perfect subjunctive replaces the conditional perfect.

The above sentence could be written thus:

Wenn es gelingen würde, die Bildung des Fermentes im Fliegenkörper zu unterdrücken, würde damit eine Waffe gegen die zunehmende Widerstandsfähigkeit der Fliegen gegen DDT gefunden worden sein.

Translate:

(a) Die radioaktiven Niederschläge

Ein Professor für theoretische Physik sagte unlängst in einem Vortrag, den er über Strahlenschädigung und Strahlenschutz gehalten hat:

Die Wissenschaft könne die Ansicht nicht stützen, daß die radioaktiven Niederschläge harmlos seien. Man müsse bei Strahlenschäden unterscheiden: es gebe Körperschäden und Erbschäden. Die erstgenannten seien verhältnismäßig geringfügig, wenn die gleiche Strahlungsmenge über eine längere Zeit verteilt sei. Für solche Schäden sei auch eine Mindestmenge radioaktiver Strahlung erforderlich. Bei Erbschäden indessen müsse keine bestimmte Grenze der Strahlungsintensität überschritten werden. Für die Genetiker sei es erwiesen, daß sich durch Strahlungseinflüsse verursachte Erbschäden unverändert fortsetzen. Nach der Explosion einer A- oder H-Bombe würden die in großer Menge freiwerdenden radioaktiven Teilchen durch die Strahlströme in der Atmosphäre schnell weggetrieben. Zehn Tage nach der Explosion im Pazifik könne die Luft über der Bundesrepublik radioaktiv verseucht sein. In der Regel dauere es zwanzig bis dreißig Tage. Das Schlimmste sei, daß sich die Radioaktivität nicht gleichmäßig verteilt. Sie kann plötzlich in hoher Konzentration nach unten kommen. Die Verseuchung der Luft sei bei uns derzeit noch ungefährlich. Die radioaktiven Niederschläge jedoch liegen bereits weit über der sogenannten Toleranzquote, so daß hier von einer ernsthaften Gefahr gesprochen werden muß. Nach den Atomexplosionen in der Wüste von Nevada wurde bei Messungen im Bundesgebiet in der Zeit von April bis Juni 1953 das Vierzehnfache der Toleranzquote im Regenwasser festgestellt. Nach den Versuchen im Stillen Ozean war in der Zeit März bis Juni 1954 das Trinkwasser erheblich über der Toleranzquote verseucht.

Adapted from K. BECHERT, 'Radioaktive Verseuchung', *Die Umschau*, 17. Heft, 56. Jahrg., S. 516/17.

(b) Die Grundlagen der Wärmelehre

Die beiden Wärmemengen, mittels deren die Temperatur definiert wird, sind erfahrungsgemäß immer positive Größen. Infolgedessen gibt es keine negativen absoluten Temperaturen; diese Skala hat einen absoluten Nullpunkt. Man könnte das vermeiden, wenn man eine geeignete Funktion dieser Temperatur, etwa ihren Logarithmus, als Temperaturmaß nähme, was durchaus möglich wäre. Kein Naturgesetz spricht dagegen. Wenn man es nicht tut, so ist dies jener konventionelle Rest in unserem Temperaturbegriff, auf welchen *Ernst Mach* (1838–1916) mit Recht hingewiesen hat. Täte man es, so reichte die Skala bis ins negativ Unendliche, und es wäre der Schein vermieden, als könne man bei Erreichung von, sagen wir, 1 Grad absolut—man ist erheblich tiefer gekommen—die Körper nicht mehr viel weiter abkühlen. Tatsächlich ist der absolute Nullpunkt, wie 1906 *Walter Nernst* (1864–1941) erkannte, unerreichbar.

MAX. V. LAUE, *Geschichte der Physik*, 1950, S. 90.

XVIII

THE MODAL VERBS

IN addition to the auxiliaries 'haben', 'sein', and 'werden', there are six auxiliaries of mood, so called because they modify the meanings of the other verbs with which they are associated. These modal verbs are a source of difficulty for the beginner, partly because their English cognates (i.e. related forms, though not necessarily translations) are defective, and partly because of the idiomatic use of these verbs in German.

The English equivalents of the modal verbs will be given under two headings:

(a) the basic meaning;

(b) the various ways in which the single German form can be rendered in English.

§ 89. The modal verbs are:

können (a) *physical possibility, ability*
           (b) *be able to; know, in sense of knowing a language or lesson*

dürfen (a) *permission*
           (b) *be allowed to, be permitted to; need only to*

mögen (a) *liking*
           (b) *like (transitive); like to, feel inclined to, likelihood*

müssen (a) *compulsion, obligation, necessity*
           (b) *have to, be compelled to, be obliged to*

sollen (a) *moral obligation, duty, rumour, hearsay*
           (b) *be obliged to, have to, is to, be supposed to; be said to*

wollen (a) *intention*
           (b) *wish, want, desire, intend to; claim to.*

§ 90. CONJUGATION OF MODAL VERBS
Present Tense Indicative

1. The 1st and 3rd person singular are irregular in that they are identical and have no ending. Cf. *I can, he can; I must, he must.*
2. 'können', 'dürfen', 'mögen', 'müssen' and 'wollen' change their root-vowel.

können	dürfen	mögen	müssen	sollen	wollen
ich kann	ich darf	ich mag	ich muß	ich soll	ich will

er ⎫	er ⎫	er ⎫	er ⎫	er ⎫	er ⎫
sie ⎬ kann	sie ⎬ darf	sie ⎬ mag	sie ⎬ muß	sie ⎬ soll	sie ⎬ will
es ⎭	es ⎭	es ⎭	es ⎭	es ⎭	es ⎭

The plural is regular and is like the infinitive:

wir ⎫
Sie ⎬ können, dürfen, mögen, müssen, sollen, wollen
sie ⎭

Past Tense Indicative

1. The past tense is formed according to the pattern for a weak verb, i.e. **-te, -ten** are added to the root.
2. The verbs 'können', 'dürfen', 'mögen', and 'müssen' drop the Umlaut in order to avoid confusion with the past subjunctive.

3. 'mögen' changes its stem to 'moch-'.

ich
er
sie }konnte, durfte, mochte, mußte, sollte, wollte
es

wir
Sie }konnten, durften, mochten, mußten, sollten, wollten
sie

Present Tense Subjective

ich
er
sie }könne, dürfe, möge, müsse, solle, wolle
es

wir
Sie }können, dürfen, mögen, müssen, sollen, wollen
sie

Past Tense Subjunctive

ich
er
sie }könnte, dürfte, möchte, müßte, sollte, wollte
es

wir
Sie }könnten, dürften, möchten, müßten, sollten, wollten
sie

Perfect Tenses

1. All the modal verbs are conjugated with the auxiliary 'haben'.
2. If there is no other verb dependent upon the modal, the regular past participle gekonnt, gedurft, gemocht, gemußt, gesollt, gewollt (note that there is no Umlaut) are used to form these tenses.

Ich habe es gewollt. *I wished it.*
Er hat es nicht gekonnt. *He has not been able, was not able, to do it.*

§ 91. If there is another verb dependent on the modal a past participle of the modal, identical with the infinitive, is used. There is no 'zu' before the dependent infinitive.

Ich habe letzte Woche geschäftlich nach London fahren müssen.

I had to go to London on business last week.

§ 92. CONSTRUCTION IN A DEPENDENT CLAUSE CONTAINING TWO INFINITIVES

In a dependent clause the finite verb normally goes to the end of the clause. If, however, the tense is a compound one and includes two infinitives, as in § 91, these infinitives must go to the end and are *preceded* by the finite verb.

Er schreibt, daß er das Buch nicht *habe* bekommen können.

He writes (to say) that he has not been able to get the book.

§ 93. OTHER VERBS USED WITH DEPENDENT INFINITIVES

The following verbs may, like the modal verbs, have a dependent infinitive without 'zu':

heißen	*bid, command*
helfen	*help*
hören	*hear*
lassen	*allow, cause (to have done, &c.)*
sehen	*see*

Ich habe den Wagen vorfahren sehen.
I saw the car drive up.

Wir haben dann die Flüssigkeit 24 Stunden stehen lassen.
We then left the liquid to stand for 24 hours.

The verb 'lassen' is frequently used with the meaning '*to cause*' or '*to have something done*'.

Darum habe ich mir ein Thermoelement von Kupfer und Zink machen lassen.
For that reason I had a thermocouple made of copper and zinc.

Translate:

(*a*) Will man einen Stoff lediglich auf sein Verhalten bei höherer Temperatur untersuchen, ohne die etwa abweichenden Gase näher zu studieren, so genügt es in vielen Fällen, eine kleine Probe auf einem dünnwandigen Porzellanscherben zu erhitzen. Bei größeren Mengen von leicht schmelzenden Stoffen ist die Verwendung eines Tiegels zu empfehlen. Feuergefährliche Flüssigkeiten oder

Stoffe, die nur bis zu einer bestimmten Temperaturgrenze erhitzt werden dürfen (wie z. B. Mischungen von Leim, Gelatine, Stärke, Seife usw. mit wenig Wasser), erwärmt man zweckmäßigerweise auf dem sog. Wasserbad. Man schneidet zu diesem Zweck in den Deckel einer Heringbüchse ein kreisrundes Loch, das groß genug ist, um eine Porzellanschale tief eindringen zu lassen. Man füllt die Dose etwa zur Hälfte mit Wasser, stellt sie auf Drahtnetz und Dreifuß, setzt die Porzellanschale mit der zu erwärmenden Flüssigkeit in die Dosenöffnung und erhitzt. In diesem Fall kann der Inhalt der Porzellanschale höchstens auf 100 Grad erhitzt werden. Das Wasser in der Heringdose gerät beim Erhitzen ins Sieden; damit die Dämpfe gefahrlos entweichen können, bohrt man einige kleine Löcher in die Dose, falls der eingeschnittene Kreis nicht schon genug Unregelmäßigkeiten aufweisen sollte, um die Dämpfe abziehen zu lassen. Wenn die Substanz in der Porzellanschale höhere Temperaturen aushält, kann man in die Heringbüchse auch Öl oder Glyzerin bringen; in solchen Ölbädern steigt die Temperatur auf etwa 250–300 Grad. Im Bedarfsfalle könnte man die Porzellanschalenflüssigkeit auf verschiedene andere Temperaturen erhitzen, wenn man in die Heringbüchse die entsprechenden Flüssigkeiten füllt. So erhitzt sich z. B. eine Lösung aus 62% Wasser und 38% Kaliumchlorid auf 110, eine Mischung aus 78% Kaliumnitrat und 22% Wasser auf 150 und ein Gemisch von 88% Glyzerin, 5% Kochsalz und 7% Wasser auf 250 Grad.

Beim Arbeiten mit konzentrierter Salpetersäure, Brom und einigen anderen Stoffen, die Stopfen und Schläuche angreifen, benutzt man die sog. Retorte und fängt die entstehenden Produkte in einer gekühlten Vorlage auf. Der Hals der Retorte wird durch ein Stativ festgehalten; Retortenhals und Vorlage dürfen nicht fest ineinandergesteckt werden, da sonst die Gefäße unter dem Druck der entstehenden Gase zerspringen könnten; man darf sie andererseits aber auch nicht zu lose ineinanderstecken, weil sonst größere, gesundheitsschädliche Gasmengen entweichen. Man läßt am besten einen ganz kleinen Zwischenraum frei.

HERMANN RÖMPP, *Chemische Experimente, die gelingen,* 1949, S. 30/31.

(*b*) *A. Unsöld* hatte bereits 1949 einen stellaren Ursprung, also die Existenz von „Radiosternen" angenommen, und zwar sollten es kühle und optisch schwache Sterne sein mit einer ungeheuren Aktivität. Sie sollten gewissermaßen dauernd und über die ganze

Oberfläche eine „Störstrahlung" aussenden, wie wir sie bei der Sonne nur in ihren Aktivitätszentren beobachten. Unter dem Eindruck, daß noch kein derartiger Radiostern wirklich beobachtet worden war, und auch aus energetischen Gründen wurde diese These in den folgenden Jahren von vielen Seiten abgelehnt und ein interstellarer Ursprung angenommen, ohne aber einen Mechanismus der Entstehung angeben zu können. Man kann heute weder das eine noch das andere direkt beweisen. Aber es gibt indirekte Beweise, die mehr für das eine oder das andere sprechen. Und dieser „Indizienbeweis" deutet neuerdings wieder stärker auf einen stellaren Ursprung hin. Einmal zeigen die neueren Ergebnisse, daß die Verteilung der galaktischen Strahlung viel besser der Verteilung der Sterne als der interstellaren Materie entspricht. Dann hat *W. Priester* die Frage der Radiosterne neu aufgegriffen und diskutiert, ob es zahlenmäßig möglich ist, mit ihnen die gesamte galaktische Strahlung zu erklären. Es ist natürlich schwierig, quantitative Aussagen über Objekte zu machen, deren Existenz noch gar nicht bewiesen ist. Trotzdem konnte *W. Priester* auf Grund der Verteilung der galaktischen Strahlung und unter einleuchtenden Annahmen über den Bau der Milchstraße abschätzen, daß die Zahl der Radiosterne — falls es sie überhaupt gibt — etwa 2.10^{11} betragen muß, mit einer Unsicherheit von vielleicht einer Zehnerpotenz. (Weniger als 10^8 können es sicher nicht sein, weil sonst der einzelne Stern so stark strahlen müßte, daß man die nächsten Radiosterne schon als diskrete Radioquellen entdeckt haben müßte, was nicht der Fall ist. Sehr viel mehr als 10^{12} können es auch nicht sein; denn sonst müßten die einzelnen Radiosterne zu klein sein, weil ja die Gesamtmasse der Milchstraße, die man kennt, nicht überschritten werden darf.) Wenn diese 2.10^{11} Sterne die gesamte galaktische Strahlung liefern sollen, so muß der einzelne Stern pro Quadratmeter Oberfläche gerade so stark strahlen wie die Sonne in ihren Aktivitätszentren.

Die von *A. Unsöld* vorgeschlagene Hypothese erscheint als durchaus plausibel. Wir hätten Zwergsterne vor uns, deren ganze Oberfläche vielleicht mit einer Art „Protuberanzenwald" überdeckt ist. Aber ehe wir über die Atmosphären dieser kahlen Sterne mit ihren zahlreichen Molekülbanden nichts Genaueres wissen, wird man kaum mehr als diese Vermutung äußern können. Wir werden aber sehen, daß der vorläufig noch etwas dürftige

„Indizienbeweis" der Radiosterne durch die extragalaktischen Beobachtungen, über die im nächsten Heft berichtet werden soll, noch bestärkt wird.

H. H. VOIGT, 'Radiostrahlung aus unserer Milchstraße', *Die Umschau*, 23. Heft, 1955 Jahrg., S. 716.

XIX

PARTICIPIAL PHRASES

OF the two participles in German, the present and the past, only the latter is used to form tenses, namely the perfect tenses. The present participle has no strictly verbal function. Both participles are, however, widely used as adjectives agreeing in gender and case with the noun they qualify. This function of participles is also common to English, cf. *the living desert, a broken arm.* In English there is, however, a limit to the number of qualifying words which may precede an attributive adjective; at most two adverbs are permitted, e.g. *a very badly broken arm.*

German, on the other hand, has no such restriction and long adverbial phrases may be found between the article and the qualifying adjective. The alternative to this construction is a relative clause or clauses; hence the participial phrase is a stylistic economy measure and for that reason is widely used in scientific literature.

The simple participial phrase presents no difficulty and has its exact counterpart in English:

Die ionisierende Wirkung dieser Strahlen spielt vielleicht eine ungeahnte Rolle in der Natur.
The ionizing effect of these rays plays perhaps an unsuspected role in nature.

The longer, and hence more complex, participial phrase may have:

(*a*) *The definite (or indefinite) article followed immediately by another definite article:*

Die den Zahlen z_n entsprechenden Punkte bilden eine Punktfolge.
The points corresponding to the numbers z_n form a point-sequence.

(b) *The definite (or indefinite) article followed immediately by a preposition:*

Speziell suchte er die von tierischen Organismen produzierten Wärmemengen zu messen.

In particular he tried to measure the quantities of heat produced by animal organisms.

(c) *The participial adjective qualified by adverbs only:*

Einigermaßen sich ähnlich verhaltende Strahlungen kennt man als Kathodenstrahlen.

Radiations behaving somewhat similarly are known as cathoderays.

In the above examples the participial phrase is put after the noun in English, a construction which should be adopted unless the German participial phrase is too long. Where this is the case, a relative clause should be used in English, e.g.:

Die beim Betrachten gewisser Objekte im Polarisationsmikroskop auftretenden Erscheinungen helfen sehr bei der Identizifierung einer Probe in einer Weise, wie es bei Beobachtungen mit gewöhnlichem, unpolarisiertem Licht nicht möglich ist.

The phenomena which appear on viewing certain objects under the polarizing microscope are a great help in identifying a specimen in a way which is not possible from observations made with ordinary unpolarized light.

Translate:

Physico-Chemical Methods; eine Buchbesprechung

Mit den Physico-Chemical Methods bekommt der experimentell arbeitende Physikochemiker ein Werk in die Hand, in dem er sich über die wichtigsten experimentellen Methoden seines Faches in Kürze orientieren kann und das ihm einen bequemen Zugang zur einschlägigen Literatur ermöglicht. Die erste Auflage (einbändig) erschien bereits im Jahre 1926, also noch vor der letzten Auflage des *Ostwald-Luther*. Die beiden Autoren des hier zu besprechenden Werkes haben es verstanden, das stark angewachsene Material auch in der jetzt erschienenen fünften Auflage in bewundernswertem Maße zu bewältigen.

Die Bearbeitung der einzelnen Teilgebiete ist nicht ganz einheitlich. Während bei den meisten der behandelten Meßmethoden auch die zugrunde liegenden theoretischen Zusammenhänge wenigstens kurz erläutert werden, sind in einigen wenigen Abschnitten nur kurze Hinweise auf die experimentellen Möglichkeiten gegeben, die nur bei Lektüre der angegebenen Originalliteratur von Wert sein können. (Hierzu zählen die Kapitel über Elektronenröhren und Radioaktivität.) Die Vielseitigkeit des gebotenen Materials spiegelt sich in den Kapitelüberschriften. Am Ende beider Bände befindet sich ein nach Kapiteln geordnetes sehr ausführliches Verzeichnis der einschlägigen Monographien.

Das vorliegende Werk dürfte sich für den vielseitig arbeitenden Physikochemiker als eine wertvolle Hilfe erweisen. Daß die Auswahl der besprochenen Meßverfahren in einigen Fällen etwas subjektiv erscheint, ist durch das notwendig vorhandene spezielle Interesse der Autoren (und natürlich auch des Rezensenten) zu erklären. Eine gleichmäßigere Behandlung des Stoffes ist wohl nur durch Mitarbeit einer Anzahl Spezialisten zu erreichen, die von den Autoren für zukünftige Auflagen auch in Aussicht gestellt ist. Besonders erfreulich wäre es, wenn in späteren Auflagen etwas ausführlicher auf die Elektronik eingegangen würde, die auf fast allen Gebieten der Meßtechnik eine immer steigende Anwendung findet. In der hier besprochenen Auflage wird auf Verstärkertechnik, Kathodenstrahloszillographen, Elektronenvervielfacher, Spannungskonstanthaltung und Regeltechnik nur kurz oder gar nicht eingegangen. Gerade auf diesen Gebieten bedarf der Physikochemiker einer ausführlicheren Beratung. Der hierzu benötigte Raum ließe sich wenigstens teilweise durch Streichung überholter Verfahren gewinnen.

H. STREHLOW, *Die Naturwissenschaften,* 1955, S. 615.

HINTS ON THE USE OF THE DICTIONARY

1. Although most German–English scientific dictionaries are now printed in Roman type, German type is sometimes used in those of a more general kind. Students should therefore familiarize themselves with the German alphabet:

𝔄 𝔞	A a	ℌ 𝔥	H h	𝔒 𝔬	O o	𝔙 𝔳	V v
𝔅 𝔟	B b	ℑ 𝔦	I i	𝔓 𝔭	P p	𝔚 𝔴	W w
ℭ 𝔠	C c	ℑ 𝔧	J j	𝔔 𝔮	Q q	𝔛 𝔵	X x
𝔇 𝔡	D d	𝔎 𝔨	K k	ℜ 𝔯	R r	𝔜 𝔶	Y y
𝔈 𝔢	E e	𝔏 𝔩	L l	𝔖 ſ 𝔰	S s	ℨ 𝔷	Z z
𝔉 𝔣	F f	𝔐 𝔪	M m	𝔗 𝔱	T t		
𝔊 𝔤	G g	𝔑 𝔫	N n	𝔘 𝔲	U u		

Double Letters

𝔠𝔥	ch	𝔱𝔷	tz
𝔠𝔨	ck	ſ𝔷	ß

2. Students should be encouraged to use the dictionary right from the outset. Vocabularies, some of them wholly admirable, appended to 'Science German Courses' are compiled with reference to specific texts and hence do not aim at comprehensiveness. Moreover, and this is a more serious objection, they do the student's work for him; it obviously requires much more thought to pick out the appropriate word from the confusing welter of English meanings frequently found under a single German word in the dictionary than to string together distilled meanings provided in vocabulary lists.

3. Students often have difficulty in using a German–English dictionary. This may be due to one, or all, of the following causes:

(*a*) *Inadequate knowledge of the grammar*

As a result the form under which a word may have to be sought is not known. This is particularly true *inter alia* of the 3rd person singular of some strong verbs, the past tense and past participle of strong and mixed verbs, the comparative and superlative of adjectives and the nom. plur. of many nouns. For instance, faced with the word 'Schränke' (*cupboards*), the student looks it up e.g. in *Webel's Technical Dictionary*, which does not give plurals. He finds 'Schrank' but dismisses it through not knowing that it is the nom. sing. of 'Schränke'. Thereupon he lights on 'Schranke' (*barrier, bar*, &c.) and disregarding the Umlaut in 'Schränke' (the average beginner's habit) decides that 'Schranke' is the word he wants. He is then mortified when his translation does not make sense.

(b) Failure to take cognizance of separable prefixes

Separable prefixes, detached from the verb and occurring at the end of a clause or sentence, are frequently ignored by students who look up the simple verb only. This practice is bound to lead to mistranslation as prefixes alter the meaning of the verb to which they are attached.

(c) The unfamiliar layout of some German dictionaries

Dictionaries of scientific terms are usually clearly laid out. In those of a more general nature this is not always so from the point of view of the beginner who frequently complains that he cannot find a quite common compound word. This is due to his inability to find his way about in the dictionary. If, for example, he wants to find the meaning of 'spitzwinklig' and consults the excellent Muret-Sanders Dictionary, *Hand- und Schulausgabe*, he will first come across the adverbial and adjectival form 'spitz' with all its standard and colloquial meanings, accompanied by examples. Next comes the simple noun 'Spitz' which is treated in the same way. Then follows the first list of compounds extending from 'Spitz= ahorn' followed by = amboß (= indicates that the noun 'Spitz' is to be understood) down to ≐ bübisch (≐ indicates that the adjective 'spitz' is to be understood). Then come separate entries 'Spitzchen', 'Spitzel', 'spitzen', compound nouns beginning with 'Spitzen-', a further list of compound nouns beginning with 'Spitz-' covering f–h, then 'spitzig', 'Spitzigkeit', and the last group of compounds with 'Spitz-' ranging from k–z. It is in this group that 'spitzwinklig' must be sought; it is given in the form ≐wink(e)lig (the parentheses indicating that the 'e' is dropped when the adjective is declined) and means '*acute-angled*'.

(d) Compound words not to be found in the dictionary

Owing to advances in technology and the normal organic growth of the German language no dictionary, however good, can be expected to be complete. Added to this is the German habit of coining words, particularly compounds. It thus happens that a word may not be found in any dictionary. The only way to deal with it is to break it down into its component parts. Compound words are formed either by:

(i) *simple juxtaposition,*

e.g. Haarpflegemittel = Haar (*hair*)+Pflege (*care*)+Mittel (*means, medium*), i.e. *hair conditioner or restorer.*

(ii) *connecting the component parts by 's' or 'n',*

e.g. Windgeschwindigkeitsmesser = Wind (*wind*)+ Geschwindigkeit (*speed*)+s+Messer (*meter, gauge*), i.e. *wind velocity gauge*; hülsenfruchtartig = Hülse(*pod*)+n+Frucht (*fruit*)+artig (*like, resembling*), i.e. *pod-like, leguminous.*

(iii) *replacing the common component by a hyphen,*

This is a convention peculiar to German with its habit of forming compounds. Thus Wasser- und Abwasserleitungs- rohre = Wasserleitungsrohre und Abwasserleitungsrohre (*water and sewage mains*). Such formations are not only clumsy but take up additional time in writing and printing. Hence, a kind of short-hand has been devised and the common component is replaced by a hyphen.

A variant of this is found in Kunststoffgewebe oder -folien in which the hyphen replaces Kunststoff.

(e) *The division of 'ck' at the end of a line.*

When this combination has to be divided at the end of a line in a text, the 'c' changes into 'k'. Thus, decken appears as dek-ken, heraufblicken as heraufblik-ken.

LIST OF DICTIONARIES

General:

Barker and Homeyer: *Pocket Oxford German Dictionary.* 2 vols. Oxford University Press, 1955. 12s. 6d.

Betteridge: Cassell's German–English, English–German Dictionary, 1957. 30s.

de Vries: *German-English Science Dictionary.* McGraw-Hill Book Co. Inc., New York and London, 2nd ed., 1946. 49s.

Langenscheidt: *Pocket Dictionary of English and German Languages.* Methuen, London, 1951. 17s. 6d.

Webel: *German-English Technical and Scientific Dictionary.* George Routledge & Sons Ltd., London, 1953. 45s.

Wichmann: *Pocket Dictionary of German and English Languages.* Routledge & Kegan Paul, London, 1952. 7s. 6d.

Specialized:

de Vries: *German-English, English-German Technical and Engineering Dictionary.* McGraw-Hill Book Co. Inc., New York and London, 1954. 2 vols. £15.

Freeman: *Handbuch für Elektrotechnisches Englisch.* Buchverlag W. Girardet, Essen, 1948. £2.

Lloyd: *Dictionary of Botanical Terms.* University of London Press, 1950. 2s. 6d.

Macintyre and Witte: *German-English Mathematical Vocabulary.* Oliver and Boyd, Edinburgh, 1956. 8s. 6d.

Patterson: *German-English Dictionary for Chemists.* Chapman and Hall, London, 1955. 52s.

Schoenewald: *German-English Medical Dictionary.* H. K. Lewis, London, 1949. 27s. 6d.

READINGS

CHEMISTRY

Qualitative und quantitative Analysen

Ein Bekannter bringt ein weißes Pulver; er hat es zu Hause in einer Flasche ohne Aufschrift gefunden und möchte nun wissen, was es ist. Ein anderer bringt eine Malerfarbe, ein Putzmittel, einen Blumendünger, ein Waschmittel, eine Münze, ein Schädlingsbekämpfungsmittel, ein Schmuckstück oder ein Arzneimittel und möchte erfahren, aus welchen Stoffen diese Dinge zusammengesetzt sind. Wir nehmen den zu untersuchenden Stoff in unser Laboratorium, beobachten dort sorgfältig alle seine Eigenschaften, so z. B. Farbe, Kristallform, Wasserlöslichkeit, Härte, Gewicht, sein Verhalten gegenüber dem Feuer und seine Reaktionen mit anderen Chemikalien. Je nach der Schwierigkeit des Falles kann die Untersuchung nach einigen Minuten, Stunden, Tagen oder erst nach Wochen beendet sein und wir können den Bescheid geben: Das weiße Pulver ist Natronsalpeter, die Malerfarbe ist Bleiweiß, das Putzmittel enthält Soda und Sand, das Arzneimittel ist Aspirin usw. Nach der Sprache der Chemiker haben wir in den obigen Fällen *qualitative Analysen* ausgeführt; das heißt, wir haben lediglich festgestellt, aus welchen Stoffen der zu untersuchende Körper bestand. Wären wir auch noch aufgefordert worden, herauszubringen, aus wieviel Prozent Sand und Soda das obige Waschmittel besteht oder wieviel Hundertteile reines Silber in einem Schmuckgegenstand enthalten sind, so hätten wir eine sogenannte *quantitative Analyse* vornehmen müssen.

Im folgenden wollen wir uns lediglich auf die qualitative Analyse beschränken. Diese spielt in der Wissenschaft und im praktischen Leben eine sehr wichtige Rolle. Viele Gelehrte haben ihr ganzes Leben diesem Forschungsgebiet gewidmet und ihre Erfahrungen und Beobachtungen in zahlreichen Zeitschriften und dicken Büchern veröffentlicht. An den Universitäten und technischen Hochschulen befassen sich die Chemiestudenten in den ersten Semestern fast ausschließlich mit qualitativer Analyse. In zahlreichen nahrungsmittelchemischen Laboratorien, staatlichen Untersuchungsämtern, Fabriklaboratorien usw. werden täglich Dutzende von chemischen Analysen durchgeführt. Das ist ein ausreichender Grund, sich wenigstens mit den Elementen dieses interessanten Wissenschaftszweiges zu beschäftigen.

HERMANN RÖMPP, *Chemie des Alltags*, 1941, S. 18/19.

Schnellbestimmung von Wasserstoff

Die Wasserstoffbestimmung in Kohlenwasserstoffen mit Hilfe der Verbrennungsanalyse ist sehr zeitraubend. Für die laufende Produktionskontrolle der bei der Erdölgewinnung anfallenden

Kohlenwasserstoffe wurde in der amerikanischen Erdölindustrie ein Verfahren entwickelt, das in etwa 5 Min. bei einer Genauigkeit von 0,02 Gewichtsprozent H_2 die Ermittelung des Wasserstoffgehaltes gestattet. Die von 90Sr (Strontium) ausgehenden β-Strahlen werden in der einen Richtung durch einen definierten Absorber teilweise absorbiert und gelangen abgeschwächt zu einer Ionisationskammer, die die negative Ladung auf einer Elektrode sammelt. In der anderen Richtung geht die β-Strahlung zunächst durch den in einer 10 ccm-Zelle befindlichen Kohlenwasserstoff und gelangt durch einen adjustierbaren keilförmigen Absorber in eine der ersten gleichartige Ionisationskammer. Der Absorberkeil wird so eingestellt, daß in beiden Ionisationskammern gleiche Ströme fließen, was an einem als Nullinstrument geschalteten Galvanometer kontrollierbar ist. In diesem Punkt ist die Absorption durch den festen Absorber gleich der Summe der Absorption durch die Substanz plus der Absorption durch den Keil. Zieht man die Absorption, die durch den Keil hervorgerufen wird, von der durch den fixen Absorber verursachten ab, so erhält man die Absorption durch den Kohlenwasserstoff. Sie kann als direktes Maß für den Wasserstoffgehalt verwendet werden. Das Gerät ist mit einem umfassenden Strahlenschutz versehen, so daß es gefahrlos gehandhabt werden kann.

Die Umschau, Kurzberichte, 13. Heft, 1955 Jahrg., S. 408.

Kugeln blasen

An einer beliebigen Stelle einer Glasröhre eine tadellose Kugel von ausreichender, gleichmäßiger Wandstärke zu erhalten, ist das schwerste Kunststück der Glasbläserei. Wir dürfen uns nicht der Hoffnung hingeben, es hier zur Meisterschaft zu bringen, wohl aber können wir einige bescheidene Annäherungswerte an das Ideal erzielen. Am einfachsten ist es noch, das Ende der Glasröhre kugelartig aufzublasen. Zu größeren Kugeln benötigt man entsprechend weite Röhren, während kleinere Kugeln schon an Biegeröhren von 6–10 mm Weite und möglichst großer Wandstärke geblasen werden können. Man schließt ein derartiges Rohr am untern Ende, an welchem die Kugel entstehen soll, indem man es zur Spitze auszieht und zuschmilzt. Dann schmilzt man ein Stück von dem Glasrohr in der heißesten Flamme und erhitzt es unter stetigem Umdrehen so lange, bis es zu einem kleinen, regelmäßigen Klumpen zusammengeflossen ist. Je größer die Kugel werden soll, um so mehr Glas muß man am Rohrende zusammenschmelzen. Schließlich nimmt man das Rohr unter gleichmäßigem Drehen aus der Flamme und bläst (in regelmäßigem Weiterdrehen) langsam, aber kräftig durch das freie Ende Atemluft hinein. Durch die Luft wird das erhitzte Glasklümpchen zu einer kleinen Kugel aufgeblasen. Während des Blasens kann man die Glasröhre waagrecht in den Mund nehmen, es sieht dann etwa so aus, wie wenn man mit einem Strohhalm Seifenblasen herstellt. Hält man die Röhre während des Blasens senkrecht nach unten, so wird die Kugel mehr oder weniger in die Länge gezogen. Bläst man zu lange und zu stark in die Röhre, so kann die Kugelwand stellenweise eine papierdünne, elastische Beschaffenheit annehmen; es entsteht dann eine hübsche „Christbaumkugel", für die man im chemischen Laboratorium kaum eine praktische Verwendung findet. Will man eine beliebige Rohrstelle zur Kugel aufblasen, so verschließt man das untere, in der linken Hand befindliche Rohrende mit Wachs, erwärmt die aufzublasende Stelle und schiebt so viel Glas zusammen, als für die spätere Kugel benötigt wird, ohne aber den Hohlraum des Glases ganz auszufüllen. Hat man schließlich durch fortgesetztes Erhitzen, Umdrehen und Zusammenschieben innen und außen ringsherum einen gleichmäßigen flachen Glasknoten erhalten, so nimmt man das Rohr unter stetigem Drehen waagrecht in den Mund und bläst—immer weiter drehend hinein, wodurch die erweichte Glasmasse zur Kugel aufgeblasen wird. Zum Kugelblasen benötigt man einen sehr starken Bunsenbrenner oder noch besser die Gebläseflamme; mit dem Spiritusbrenner kommt man nicht zum Ziel.

HERMANN RÖMPP, *Chemische Experimente, die gelingen*, 1949, S. 22.

Regelung und Messung der Temperatur

Wegen der starken Temperaturabhängigkeit der Zähigkeit wäßriger Lösungen ist eine gute Temperaturkonstanz während der Messung notwendig. So bewirkt z. B. bei 25° C schon eine Temperaturänderung von nur 1/1000 Grad eine relative Änderung der Zähigkeit des Wassers von etwa 0,025%, und das bedeutet bei den hier vorliegenden großen Ausflußzeiten eine absolute Änderung derselben von etwa 0,08 sec.

Bei den vorliegenden Messungen wurde während der Versuchsdauer von etwa 1 Stunde ein monotoner Anstieg oder eine monotone Abnahme der Temperatur von nicht mehr als etwa 0,002° C erzielt. Eine solch gute Temperaturregelung ist mit der üblichen Verwendung von einem Thermostaten kaum zu erreichen. Es treten nämlich, bedingt durch das periodische Ein- und Ausschalten der Heizvorrichtung, infolge der mechanischen Trägheit des Quecksilberfadens im Kontaktthermometer und der thermischen Trägheit der ganzen Heizvorrichtung Temperaturschwankungen auf, die z. B. schon bei 15° und 40° C in der Größenordnung von einigen hundertstel Grad liegen. Es wird daher unter Benutzung von zwei Thermostaten folgende Methode angewandt:

In das Aquarium wurde ein *Höppler*-Einsatzthermostat gesetzt, dessen Rührmotor in der Lage ist, die 260 Liter Badinhalt gut zu durchmischen. Der zu diesem Thermostaten gehörende Tauchsieder wird in Verbindung mit einem Kontaktthermometer und einem Relais nur zur Aufheizung des Bades bis annähernd zu der gewünschten Temperatur benutzt. Die Temperaturfeinregelung nimmt man dann mit temperiertem Regulierwasser vor, das von einem zweiten Ultrathermostaten durch eine im Temperaturbad befindliche Kühlschlange gepumpt wird (etwa 8 Liter/min) und auf etwa 1/100° C konstant gehalten werden kann. Die Temperaturdifferenz zwischen diesem Regulierwasser und dem Wasser des Bades wird so gewählt, daß die im Temperaturbad auftretenden Wärmeverluste gerade kompensiert werden. So wird z. B. bei 40° C im Temperaturbad und 20° C Zimmertemperatur schon eine Temperaturdifferenz von etwa 2,5° C nötig (also im Regulierwasser 42,5° C). Um auch Temperaturen unter der des Leitungswassers (im Herbst etwa 13° C) zu erhalten, wird das Regulierwasser durch ein Kühlschlangensystem gepumpt, das sich in einer Kältemischung befindet. So lassen sich auch noch Badtemperaturen von 12° C mit guter Konstanz herstellen. Durch zweckmäßige Wahl der Heiz- und Kühlzeit im Ultrathermostaten und ihrer zeitlichen Änderung können die Temperaturschwankungen im Regulierwasser so klein gehalten werden, daß sich diese Schwankungen wegen der großen Wärmekapazität des Bades in diesem nicht auswirken.

MANFRED KAMINSKY, 'Über Untersuchungen über die Konzentrations- und Temperaturabhängigkeit', *Zeitschrift für Physikalische Chemie*, 1/2. Heft, 5. Bd., 1955, S. 173/4.

Kalium, Natrium, Lithium, Cäsium, Rubidium
(einwertig)

Diese fünf Metalle werden kurzweg Alkalimetalle genannt. Sie sind metallglänzend, bei gewöhnlicher Temperatur wachsweich, schmelz- und destillierbar, oxydieren sich sehr leicht an der Luft und zersetzen das Wasser unter Wasserstoffentwicklung und Bildung der Oxydhydrate: $2 Na + 2 H_2O = 2 NaOH + H_2$. Die Wärme bei der Einwirkung des Wassers auf Kalium, Cäsium und Rubidium ist so groß, daß die Reaktion unter Feuererscheinung verläuft; bei der Einwirkung des Wassers auf Natrium und Lithium tritt keine Entzündung ein, wohl aber schmilzt das Natrium (nicht das Lithium); eine Entzündung bei der Natriumreaktion läßt sich erzielen, wenn man das Metall, welches sonst lebhaft auf dem Wasser rotiert, an dieser Bewegung (durch Unterlegung eines Stückchens Papier) hindert, infolgedessen die freiwerdende Wärme die Entzündungstemperatur des Wasserstoffs erreicht.

Im freien Zustande treten die Metalle in der Natur nicht auf; im gebundenen Zustande sind sie in der Natur sehr verbreitet, und zwar quantitativ Kalium und Natrium am meisten, oft mächtige Lager bildend. Das Meerwasser, die Mineralquellen, die Aschen der Pflanzen enthalten Kalium-, Natrium-, Lithiumsalze. Cäsium- und Rubidiumsalze treten stets nebeneinander auf in Mineralien, Salzsolen, Pflanzenaschen. Kalium- und Natriumsalze sind auch im Tierkörper enthalten. Die Kaliumsalze sind überwiegend in den Landpflanzen, die Natriumsalze in den Seepflanzen. In dem Pflanzen- und Tierorganismus sind alle diese Salze teils als anorganische (KCl, NaCl), teils als organische (Salze von organischen Säuren, z. B. Pflanzensäuren) enthalten, wie dieses von allen im Tier- und Pflanzenkörper auftretenden Salzen gilt. Die in der Natur vorkommenden wichtigsten Kaliumsalze sind das Chlorkalium (im Sylvin und Carnallit in den Staßfurter Abraumsalzen usw.), die organischsauren Kaliumsalze der Pflanzen, durch deren Einäscherung die Pottasche erhalten wird, und der Feldspat und Glimmer (vgl. Aluminium), durch deren Zersetzung (Verwitterung) die Kaliumsalze in den Kreislauf durch den Pflanzen- und Tierkörper gelangen. Die wichtigsten natürlich vorkommenden Natriumsalze sind das Kochsalz (NaCl), das salpetersaure Natrium ($NaNO_3$), weniger wichtig die organischsauren Salze der Meerpflanzen, die Soda liefern können. Die wichtigsten Lithium-mineralien sind der Lithionglimmer (Lepidolith, ein Silikat) und der Triphyllin (Phosphat). Die wichtigsten Cäsiummineralien sind Castor und Pollux (Silikate). Rubidiumsalze finden sich in kleiner Menge in Mineralien, Pflanzenaschen und Mineralwässern und dann stets neben den Salzen der andern Alkalien.

Jos. KLEIN, *Chemie, Anorganischer Teil*, Sammlung Göschen, Bd. 37, 1926, S. 118/19.

Sauerstoff

Von allen Elementen ist der Sauerstoff sowohl im freien wie im gebundenen Zustande das in der Natur am meisten verbreitete. Denn an seine Existenz sind alle Vorgänge geknüpft, welche sich ununterbrochen in dem organischen Reiche unserer Natur abspielen. Er ist das Leben bedingende Prinzip, und die Atmosphäre, welche unsere Erde umgibt, enthält dieses Prinzip als wesentlichen Bestandteil: 21 Volumprozente Sauerstoff sind in der atmosphärischen Luft enthalten. Im gebundenen Zustande findet sich der Sauerstoff im Wasser, einer Verbindung von Sauerstoff und Wasserstoff, in dem pflanzlichen und tierischen Organismus und den Produkten des Stoffwechsels sowie in den Mineralien, die in ganzen Gebirgen sich vorfinden und die Oberfläche der Erde ausmachen. Aus diesem Vorkommen ergibt sich für die Darstellung, daß der Sauerstoff in reinem Zustande sowohl aus der atmosphärischen Luft wie aus den Verbindungen erhalten werden kann.

Unmittelbar läßt sich der Sauerstoff aus der atmosphärischen Luft auf Grund des verschiedenen Absorptionsvermögens des Wassers gegenüber Sauerstoff und Stickstoff gewinnen, da das Wasser mehr Sauerstoff als Stickstoff absorbiert, eine Eigenschaft, welche zur technischen Gewinnung des Sauerstoffs benutzt worden ist. In der Neuzeit hat für die Gewinnung des Sauerstoffs aus der Luft das Lindesche Verfahren der Verflüssigung der Luft die größte Beachtung gefunden. Da aus der verflüssigten Luft der Stickstoff rascher als der Sauerstoff verdampft, so kann man durch fraktionierte Verdampfung und Kondensation aus der verflüssigten Luft endlich einen Sauerstoff von beliebiger Reinheit erhalten. Die zahlreichen Methoden zur Gewinnung des Sauerstoffs aus der Luft auf mittelbarem Wege beruhen darauf, daß eine Sauerstoffverbindung zuerst dargestellt, aus dieser wieder (vollständig oder zum Teil) der Sauerstoff ausgetrieben und der hierbei bleibende sauerstofffreie oder sauerstoffärmere Rest mit atmosshärischem Sauerstoff in die sauerstoffabgebende Verbindung zurückverwandelt wird. Solche zur Vermittlung dienenden sauerstofffreien oder -ärmeren Substanzen sind: Quecksilber (bezüglich des Quecksilberoxyds), Bariumoxyd (bez. des Bariumsuperoxyds), schweflige Säure (bez. der Schwefelsäure), Kupferchlorür (bez. des Kupferoxychlorids Cu_2OCl_2), Manganoxyd in Gegenwart von Ätznatron (bez. des mangansauren Natriums) usw. Von solchen mittelbaren Darstellungsmethoden haben einzelne industriellen Wert.

Für die Darstellung im kleineren Maßstabe dienen stets einfache Oxyde und Oxyde höherer Ordnung.

(a) *Einfache Oxyde*, aus welchen beim Erhitzen für sich Sauerstoff entwickelt wird, sind Quecksilberoxyd HgO (unter Bildung von Hg), Braunstein MnO_2 (unter Bildung von Manganoxyduloxyd Mn_3O_4: $3\ MnO_2 = Mn_3O_4 + O_2$), Bariumsuperoxyd BaO_2 unter Bildung von BaO), Chromsäure CrO_3 (unter Bildung von Cromoxyd Cr_2O_3: $4\ CrO_3 = 2\ Cr_2O_3 + 3\ O_2$); anstatt die ein niedriges Oxyd liefernden Oxyde (MnO_2, BaO_2, CrO_3) für sich zu erhitzen, kann man dieselben auch mit konz. Schwefelsäure erwärmen, wobei das Sulfat des in dem höheren Oxyd enthaltenen Metalls zurückbleibt: $4\ CrO_3 + 6\ H_2SO_4 = 2\ Cr_2(SO_4)_3 + 6\ H_2O + 3\ O_2$.

(b) Als *Oxyde höherer Ordnung* kommen in Betracht: Chlorsaures Kalium $KClO_3$, eine Mischung von rotem chromsaurem Kalium mit Schwefelsäure

$(2\ K_2Cr_2O_7 + 8\ H_2SO_4 = 2\ K_2SO_4 + 2\ Cr_2(SO_4)_3 + 8\ H_2O + 3\ O_2)$.

Am beliebtesten ist die Anwendung des chlorsauren Kaliums entweder für sich, wobei reiner Sauerstoff nach der Gleichung $2\ KClO_3 = KClO_4$ (überchlorsaures Kalium, Kaliumperchlorat) $+ KCl + O_2$ erhalten wird und eine hohe Temperatur notwendig ist ($352°$), oder in Mischung mit Braunsteinpulver, wobei die Entwicklung schon bei 200–$205°$ erfolgt, der Sauerstoff aber durch Nebenreaktionen chlorhaltig wird. Bequem erhält man Sauerstoff auch, wenn man in einem Kippschen Apparate die zu solchem Zweck im Handel befindlichen Chlorkalkwürfel mit Wasserstoffperoxyd zersetzt: $2\ CaO_2Cl_2 + 2\ H_2O_2 = 2\ CaCl_2 + 2\ H_2O + 3\ O_2$. Das Gas wird getrocknet.

Jos. Klein, *Chemie, Organischer Teil*, Sammlung Göschen, Bd. 37, 1926, S. 54/56.

Carl Mannich (1877–1947)

Die große Zahl der wissenschaftlichen Veröffentlichungen von Carl Mannich überrascht durch die Vielfältigkeit der bearbeiteten Gebiete. Die ersten Untersuchungen behandeln die Inhaltsstoffe von ätherischen Ölen und Drogen, Gebiete, die damals die eigentliche Domäne des pharmazeutischen Chemikers darstellten. Schon bald traten daneben aber Probleme der präparativen organischen Chemie. Vor allem das Cyclohexanon, das damals erstmals von einer französischen Firma in den Handel gebracht wurde, interessierte den jungen Privatdozenten; er widmete eine Untersuchung der Tautomerie dieser Substanz und fand, daß sie beim Erhitzen mit Essigsäureanhydrid in Cyclo-hexenol-acetat übergeht. Damit war zum ersten Mal an einem einfach gebauten Keton die Erscheinung der Keto-Enol-Tautomerie nachgewiesen, ein Befund, der noch heute von theoretischer Bedeutung ist, da man ein solches Verhalten bei acyclischen Aldehyden oder Ketonen bisher nicht feststellen konnte. Lediglich einige andere cyclische Ketone wie die isomeren Methyl-cyclohexanone, Cyclopentanon, Menthon und Suberon geben nach Mannichs Untersuchungen derartige verseifbare Acetylverbindungen der Enolform.

Durch Wasserabspaltung mit methanolischer Schwefelsäure gelangte Mannich vom Cyclohexanon zu einem partiell hydrierten, vielkernigen Ringsystem, dem Dodekahydro-triphenylen. Durch Dehydrierung mit Zinkstaub oder Kupfer war daraus weiter der aromatische Grundkörper, das Triphenylen, zugänglich, das man auch durch pyrogene Zersetzung von Benzol in schlechter Ausbeute gewinnen kann. Die Konstitution der genannten Verbindungen konnte Mannich eindeutig durch oxydativen Abbau zu Mellitsäure beweisen.

Horst Böhme, *Chemische Berichte*, 88. Jahrg., 1955, S. IV.

Bestimmung von Jod in schwer aufschließbaren (getrockneten) biologischen Substanzen

Trotz einer großen Anzahl von Veröffentlichungen über die Mikrojodbestimmung wird immer wieder hierüber und besonders auch über die widerspruchsvollen Ergebnisse der Bestimmung berichtet. Dies zeigt die methodischen Schwierigkeiten, die bei der quantitativen Erfassung der meist sehr geringen Jodgehalte in biologischen Substanzen auftreten. Auf Grund vieler Versuche und einiger hundert Jodanalysen in verschiedenen biologischen Substanzen ergab sich, daß die bisherigen Analysenmethoden zu keinen genauen Ergebnissen führen, und zwar hauptsächlich deshalb, weil dem Aufschluß der Probe nicht die notwendige Aufmerksamkeit geschenkt wird.

Die trockene, stark alkalische Veraschung nach *von Fellenberg* lieferte wie bei vielen anderen Autoren trotz variierender Gehalte an Alkali und verschiedener Veraschungstemperaturen stets schwankende und zu niedrige Ergebnisse. Es ist unmöglich, die Veraschung so durchzuführen, daß Jodverluste mit Sicherheit vermieden werden. Bei der Untersuchung relativ stark jodhaltiger Substanzen (Meeralgen und tanghaltige Futtermittel) erhielt *Stettbacher* Jodverluste von durchschnittlich 15%, die er bei der Berechnung als Korrektur berücksichtigt. Bei der Untersuchung wenig Jod enthaltender Stoffe beobachteten wir noch bedeutend höhere Jodverluste. *Doering* gibt eine Methode an, deren Prinzip der alte *Carius*sche Aufschluß mit rauchender Salpetersäure unter Zusatz von Silbernitrat im Bombenrohr ist. Nach *Wilmanns* ist diese Methode für biologische Substanzen nicht zu gebrauchen. Auch bei dem nassen Aufschluß mittels Schwefelsäure und Perhydrol nach *Pfeiffer* ergaben sich, wie bei einigen anderen Autoren, keine annehmbaren Ergebnisse. Unter Berücksichtigung unten aufgeführter Punkte bewährte sich als bestes Oxydationsmittel auch für schwer aufschließbare biologische Substanzen die Chromschwefelsäure. Diese wurde erstmalig von *Leipert* für die Mikrojodanalyse angewandt. Später wurde dessen Methode insbesondere von *Sturm* und *Wilmanns* genauer untersucht und verbessert. Die meisten klinischen Joduntersuchungen werden heute nach dieser verbesserten Methode durchgeführt.

W. OELSCHLÄGER, *Zeitschrift für Analytische Chemie*, Bd. 146, 1955, S. 11.

Ein technisch interessantes Siliconderivat

Silicone, die man u. a. dazu benutzt, Oberflächen, etwa von Textilien oder Kraftwagen, wasserabstoßend zu machen, werden entweder als polymere Harze in Emulsionen und organischen Lösungsmitteln oder als monomere Produkte verwandt, die durch eine zusätzliche Wärmebehandlung nach dem Auftragen polymerisiert werden. In jedem Falle sind die verwendeten Silicone durch das Fehlen chemisch besonders charakteristischer Gruppen gekennzeichnet.

Erstmals bringt jetzt das Silicone Products Department der General Electric Company einen davon völlig abweichenden Typ, nämlich das in Wasser lösliche Natriumsalz einer Siliconsäure heraus. Dieses Natrium-methylsiliconat mit der Formel

$$[CH_3Si(OH)_2O]^- Na^+$$

läßt sich durch Hydrolyse von Trichlor-methylsilan CH_3SiCl_3 mit wäßriger Natronlauge darstellen. Aus der Lösung, die bereits einen geringen Anteil polymerer Produkte enthält, fällen Säuren und selbst die Kohlensäure der Luft die freie Methylsiliconsäure aus, die dabei unter Wassserabspaltung in höher polymere Produkte übergeht.

Die wäßrige Lösung des Natrium-methylsiliconates eignet sich besonders dazu, Baustoffen einen wasserabweisenden Charakter zu verleihen. Sie kann beispielsweise Beton und Gips zugemischt werden. Damit imprägnierte Ziegel nehmen selbst nach einjähriger Lagerung im Freien bei Befeuchtung nur noch 5% der Wassermenge auf, die unbehandelte Ziegel aufsaugen. Im Mauerwerk aber noch vorhandenes Wasser kann ungehindert verdunsten.

Für Textilien und Papiere ist das Natrium-methylsiliconat, dessen wäßrige Lösung einen p_H-Wert von 13 erreicht, der alkalischen Wirkung wegen nicht verwendbar. Dagegen kann es dazu benutzt werden, Pappen wasserabstoßend zu machen. Darüber hinaus verbessert es erheblich die Abriebfestigkeit von Casein- und Alkyd-Emulsionsanstrichen.

Die Umschau, Kurzberichte, 3. Heft, 1955 Jahrg., S. 88.

Kernchemie

Kernchemie ist ein häufig gebrauchter Ausdruck zur Bezeichnung eines Spezialgebietes der Kernphysik, das, obwohl es erst 30 Jahre alt ist, bereits eine außerordentliche, weit über die Physik hinausreichende Bedeutung erlangt hat. Man versteht darunter die Lehre von den künstlichen Umwandlungen der Atomkerne, zu denen man auch die Kernspaltungen rechnen kann.

In den gewöhnlichen Chemikalien und bei den üblichen Veran-
staltungen von Chemie und Physik nähern sich die Atome (selbst
unter den größten herstellbaren Drücken) nur soweit, daß ihre
Elektronenhüllen sich gerade berühren. Die Kerne haben dann
immer noch relativ große Abstände. Um Kerne direkt aufeinander-
prallen und miteinander reagieren zu lassen, sind offenbar ganz
andere Mittel nötig. Zunächst zeigt sich, daß man mit viel höheren
Energien, als etwa die Chemie benötigt, arbeiten muß. Während
man die Elektronenhülle, die im wesentlichen die chemischen
Eigenschaften eines Atoms bestimmt, mit einer Energie von
einigen Elektronen-Volt bereits stark angreifen kann, sind für
Kernreaktionen rund eine Million mal so große Energiemengen
erforderlich. Denn um zwei Atomkerne aufeinanderzuschießen,
muß deren gegenseitige elektrostatische Abstoßung überwunden
werden, die so groß ist, daß man z. B. ein als Kerngeschoß
verwandtes Proton einige Millionen Volt elektrische Spannung
durchfallen lassen muß, ehe seine Geschwindigkeit ausreicht, um
den Potentialwall eines Kerns übersteigen zu können. Damit ist
das Hauptprinzip, nach dem die Kernchemie arbeitet, genannt:
Man erzeugt sehr schnell fliegende Teilchen und schießt diese
auf Atome. Dann ist zu erwarten, daß ein gewisser Prozentsatz
auf Atomkerne auftrifft und mit diesen irgendwie reagiert.

Als Kerngeschosse kommen vorläufig nur die leichtesten Atomkerne in Betracht, da die elektrostatische Abstoßung derart mit
der Kernladung wächst, daß die verfügbaren Energien nicht aus-
reichen, um z. B. zwei Kohlenstoff-Kerne aufeinanderzuschießen.
Man benutzt vor allem Protonen, Deuteronen und Alphateilchen,
bisweilen auch Lithium-Kerne. Auch sind einzelne Versuche mit
dem seltenen $_2Helium^3$-Isotop angestellt worden. Besonders wirksame Kerngeschosse stellen ferner die Neutronen und die Gammastrahlen dar, da sie beim Anlaufen gegen die Kerne wegen der
fehlenden Ladung keine Abstoßungskräfte zu überwinden haben.
Die Zahl der durch Gammastrahlen umwandelbaren Kerne ist
wegen der verhältnismäßig geringen Energie eines Gammaquants
nicht groß.

HELMAR KRUPP, 'Physik der Atomkerne', *Berckers Kleine
Volksbibliothek*, Bd. 1012, 1951, S. 17/18.

Die Mongolische Volksrepublik

Dieses ist das erste Werk einer Schriftenreihe, in der wichtige geographische Bücher aus der Sowjetunion in deutscher Übersetzung erscheinen. Ein solches Vorhaben ist lebhaft zu begrüßen, bilden doch die Sprachschwierigkeiten ein starkes Hindernis, die Originalwerke durchzuarbeiten.

Wenn auch nicht unmittelbar zum Thema gehörend, wird man den einführenden Teil sehr begrüßen, gibt er doch einen brauchbaren Überblick über die Volksrepublik. Sie liegt mit einer Fläche von 1 531 000 qkm in der geogr. Breite von Frankreich, besitzt jedoch das Zentrum des Luftdruckmaximums der Erde, auf 47° Nord noch Dauerfrostboden, im Süden des Landes die am weitesten nördlich gelegene Trockenwüste der Erde und ist klimatisch das kontinentalste Land der Welt. Der tiefste Punkt des Landes liegt im Osten mit 532 m im See Chuchu-nor (den man auf der Übersichtskarte hätte namhaft machen können). Im Westen bildet der 4653 m hohe Tabunbogdo die höchste Erhebung. Das Land besitzt, bei einer Dichte von 0,6 Ew/qkm, 900 000 Einwohner, davon gehören 70% zum nomadisierenden Viehzüchtervolk der mongolischen Chalcha. Im zentralen Teil des Staates liegt der wirtschaftliche Schwerpunkt. Es dominiert die Viehzucht. Getreide muß eingeführt werden, da der Ackerbau unbedeutend ist. Halbwüste und Trockensteppe sind vorherrschend. Die geringen sommerlichen Niederschläge sind dadurch bedingt, daß im Winter polare, kontinentale Luftmassen sich ausbreiten und die Polarfront weit im Süden, in China liegt. Im Sommer drängt kontinentale Tropenluft die Polarfront nach Norden. Es überwiegen die Winde aus nordwestlichem Quadranten, in größerer Höhe herrschen W- und NW-Winde vor.

Im Nordteil des Landes dehnt sich die Gebirgswaldsteppe mit Taiga und alpinen Regionen aus. Es folgt nach Süden die Hochsteppe des Changaj und die der Ostmongolei, dann kommen die Wüstensteppen, die ganz im Süden in die Wüste Gobi übergehen. Da wir es mit einem Gebirgsland zu tun haben, ist auch die vertikale Gliederung der Vegetation ausgebildet.

E. M. MURZAEV, *Die Erde*, 1. Heft, 1956, S. 86.

Die geographische Gliederung von Queensland

Der Staat Queensland erstreckt sich über ein großes Gebiet; er umfaßt 1 736 500 qkm, d. h. 22,5% des australischen Kontinents, und ist annähernd so groß wie das festländische Europa westlich der Linie Hamburg Triest.

Der auffallendste geographische Zug des Staates ist der lebhafte Gegensatz zwischen den Landschaften eines schmalen östlichen Streifens veränderlicher Breite an und nahe der Küste und denen des übrigen Staates. Im Küstengebiet, besonders im Südosten und Nordosten, herrscht eine große geographische Verschiedenheit. Hier wechseln mehrfach bewaldete Bergzüge, die manchmal hügelige und teilweise gerodete Plateaus umschließen, mit schmalen, gut kultivierten Niederungen. Jede der umfangreichen Ebenen und jedes der größeren Becken hat einen eigenen, ausgeprägten physischen Charakter und ein besonderes Zusammenspiel von Ackerbau und Viehzucht, und sie alle haben ihren eigenen Mittelpunkt, auf den jede Tätigkeit in dem Gebiete ausgerichtet ist. So bilden die meisten Niederungen „Inseln" verhältnismäßig dichter Besiedelung in einem „Meer" von Eukalyptuswald. In dem übrigen und weitaus größten Teil des Staates ist die Landschaft über große Strecken verhältnismäßig einheitlich gestaltet und ändert sich nur allmählich und in geringem Grade, dennoch in einer für den Geographen bedeutungsvollen Weise. Außer in einigen Teilen des Nordwestens tritt das Relief wenig hervor. Die Savannen des Ostens und Nordens gehen allmählich in den niedrigen Mulga-Busch der zentralen Gebiete und dieser unmerklich in die trockenen Ebenen des fernen Westens über. In diesem ganzen Gebiet ist die Bevölkerungsdichte sehr niedrig und die Weidewirtschaft von überragender Bedeutung. Es ist daher augenfällig, daß jede landschaftliche Analyse von Queensland zur Feststellung zahlreicher kleiner Landschaften in den östlichen Gebieten, jede von ihnen durch ihre eigene Vielfalt charakterisiert, und einiger viel größerer, in sich einheitlicher Landschaften im Westen führt. Es dürfte auch klar sein, daß die Bedeutung der verschiedenen Kennzeichen, die bei der Einteilung der geographischen Landschaften eine Rolle spielen, von Ort zu Ort verschieden ist. Bevor man daher zu einer Landschaftsübersicht gelangen kann, wird es nützlich sein, auf den Wert der maßgebenderen dieser Kriterien hinzuweisen.

Von den verschiedenen klimatischen Faktoren ist der Niederschlag

bei weitem der bedeutendste in bezug auf die Verschieden-
heiten der Landschaften und ihre Nutzung. Zum Beispiel findet
man die größte Dichte der ländlichen Siedlung dort, wo Ackerbau
und Milchwirtschaft betrieben werden, und diese sind größten-
teils auf einen verhältnismäßig schmalen und unterbrochenen
östlichen Gürtel beschränkt, wo der durchschnittliche jährliche
Regenfall mehr als 65 cm beträgt und wo auch der durchschnittliche Niederschlag in der trockenen Zeit (April–September) 20 cm
übersteigt. Auch die Weizengebiete liegen im südöstlichen Teil mit
einigermaßen verläßlichem Regen zur Wachstumszeit in der Win-
termitte, denn das Korn wird zwischen zwei Sommerregenzeiten
gesät und geerntet. Die Weizengebiete des Staates haben daher
einen vergleichsweise hohen jährlichen Niederschlag (65 bis 76
cm). Zuckerrohr, Queenslands wertvollstes Anbauprodukt, verlangt einen hohen Regenfall während seiner Wachstumsperiode,
und der größte Teil wird in den küstennahen Landstrichen gezogen, die 130 cm oder mehr Regen erhalten.

RICHARD H. GREENWOOD, *Die Erde*, 3–4. Heft, 1955, S. 239/41.

Französische Einflüsse im Bilde der Kulturlandschaft Nordamerikas

Unter den verschiedenen, aus Europa eingewanderten Volks-
gruppen, die sich in mehr oder weniger geschlossenem Verbande
in Nordamerika niederließen, haben die Franzosen und ihre Ab-
kömmlinge der Kulturlandschaft Ostkanadas wie auch Teilen der
USA einen deutlichen Stempel aufgedrückt. Die Spuren ihrer
Tätigkeit sind in weiten Teilen des Kontinents zu finden. Wenn
man von den verstreut auftretenden Ortsnamen absieht, die von
französischen Forschern, Missionaren und Händlern gegeben wurden und die man sogar im Bereiche der Rocky Mountains, etwa in
dem Grand Teton-Gebirge, findet, dann sind es vor allem drei
Hauptgebiete, in denen sich französischer Kultureinfluß auf die
Dauer hat durchsetzen können: 1. im östlichen Kanada am Ästuar
und am Unterlaufe des St. Lorenz und seiner Nebenflüsse, 2. in
Teilen des vorgelagerten Bereiches der sogenannten „Maritimen
Provinzen", Neubraunschweig und Neuschottland und 3. in
beschränkterem Rahmen an der Mündung des Mississippi im
eigentlichen Deltabereich dieses Stromes (die US-Amerikaner

schließen in den Begriff des Mississippideltas das vorwiegend von Alluvionen aufgebaute Gebiet des Unterlaufes zwischen dem großen Strome und dem Yazoo ein).

Die Landstriche am St. Lorenz waren zwei Jahrhunderte lang, von der Mitte des 16. Jahrhunderts bis zum Ende des Siebenjährigen Krieges, in französischem Besitz. Dort konnte vom Anfange des 17. Jahrhunderts an eine verhältnismäßig intensive Kolonisationstätigkeit auf den postglazialen Sedimentböden des Tieflandes betrieben werden, wo vorher nur königliche Handelsposten und Fischereistationen existierten. Auch nach der Besitzergreifung durch Großbritannien vermochten die Siedler französischer Abkunft isoliert von der übrigen Welt ihre von den Geschehen der Französischen Revolution unbeeinflußte Kultur weiter zu pflegen.

Das Gebiet der Maritimen Provinzen zeigt dagegen in viel geringerem Maße die Spuren französischer Siedlungstätigkeit. Dort erlitt gegen Ende der Periode der Auseinandersetzungen zwischen Briten und Franzosen, nachdem weite Teile der den St. Lorenz-Golf einrahmenden Außenposten bereits an die Briten verloren waren, das französische Volkstum in der Mitte des 18. Jahrhunderts durch Austreibung eines großen Teils seiner Angehörigen einen entscheidenden Rückschlag. Ein Teil dieser im Jahre 1755 vertriebenen Franzosen, der sog. „Akadier", wie man sie im Gegensatz zu den in der heutigen Provinz Quebec lebenden „Frankokanadiern" nennt, floh ins Mississippidelta nach Louisiana, wo allerdings in der damals französischen Kolonie bereits französische Siedler lebten.

Fritz Bartz, Erdkunde, Bd. IX, 4. Heft, 1955, S. 286/7.

Karst und Terra Rossa auf Mallorca

Moderne morphologische Untersuchungen, insbesondere zur Klima-Morphologie, fehlen von der größten spanischen Baleareninsel Mallorca vollständig. Dabei bietet diese Insel eine Fülle von Problemen dieser Art, die sich dem Besucher schon bei einer Fahrt durch die Insel aufdrängen. Ihre Lage, nur wenig südlich des 40. Breitenkreises, macht Mallorca zudem zu einem sehr wichtigen Untersuchungsgebiet im Übergangsraum des westlichen Mittelmeeres zwischen den nordafrikanischen Atlas-Ländern und dem nördlichen mitteleuropäischen Raum. Diese Lage ermöglicht es z. B., neben dem Studium der rezenten Formenwelt, den Anstieg der klima-morphologischen Grenzlinien (insbesondere der Höhenlage der unteren Solifluktionsgrenze) während der letzten Kaltzeit des Pleistozäns vom mitteleuropäischen Periglazialgebiet zum nordafrikanischen Pluvialbereich zu kontrollieren. Dazu ist die Insel Mallorca deswegen geeignet, weil sie an ihrer Nordwestseite ein Gebirge besitzt, dessen Gipfelzone mit mehreren Erhebungen über 1000 m hoch liegt und damit in einen Höhenbereich hineinragt, der im Pleistozän auch der vertikalen Verschiebung der klima-morphologischen Höhengürtel unterlegen war. Da sich nun während der Kaltzeiten gerade im Mittelmeerraum der Übergang von den „Glazialzeiten" Mitteleuropas zu den „Pluvialzeiten" Nordafrikas vollzogen haben muß, kann es von Bedeutung sein, dort Hinweise für dieses Problem zu erhalten.

Während einer Reise nach Mallorca im September 1954 hatte es sich der Verfasser u. a. zur Aufgabe gestellt, zu den angedeuteten Fragen Beobachtungen zu sammeln, die seine Untersuchungen in den Gebirgen Nordafrikas ergänzen könnten. Hinweise darauf bot auch schon die länderkundliche Darstellung Spaniens von *H. Lautensach*. Dort wird von Breccienschichten, die durch Roterdelagen voneinander getrennt sind, von Schutthalden und auch von Poljen berichtet, die aber nicht näher untersucht und auch nur beiläufig erwähnt sind. Zwar reichte die zur Verfügung stehende Zeit nicht aus, ganz Mallorca auf diese Probleme hin zu untersuchen (die Insel umfaßt 3600 qkm Fläche), doch wurden an verschiedenen Stellen Beobachtungen gesammelt, die eine Veröffentlichung dieser Mitteilung rechtfertigen. Dabei sollen die Betrachtungen an dieser Stelle eine Beschränkung auf drei auffällige Erscheinungen im Landschaftsbild Mallorcas erfahren: auf die weitverbreitete mediterrane Terra rossa, auf den Karst in den Gebirgsregionen und auf deren Schuttdecken. Diese Erscheinungen stehen keinesfalls ohne Zusammenhang nebeneinander, sondern können chronologisch wie genetisch im Gesamtrahmen der klima-morphologischen Entwicklung Mallorcas und darüber hinaus auch im System der eiszeitlichen Verschiebung der Klimazonen im westlichen Mittelmeergebiet betrachtet werden.

H. MENSCHING, *Erdkunde*, Bd. IX, 3. Heft, 1955, S. 188.

Eine der ersten und grundlegendsten Aufgaben der Expedition war die Herstellung einer topographischen Übersichtskarte des Arbeitsgebietes. Unser Ziel war es, eine Karte im Maßstab 1:100 000 eines Gebietes von etwa 3000 km² Fläche aufzunehmen, das die Karakorum-Hauptkette vom Kukuar-Gletscher im Westen bis über die Hunza-Durchbruchsschlucht im Osten und außerdem die Tallandschaften von Hunza und Nagar sowie die Längstalfurche des Batura-Gletschers umfaßt.

An Grundlagen standen hierfür frühere Triangulationen und die Quarter-Inch Blätter (1:253 440) des Survey of India zur Verfügung. Blatt Baltit, das unser Arbeitsgebiet enthält, wurde z. T. von Topographen des Survey of India mit dem Meßtisch im Anschluß an die Errichtung der Triangulationskette aufgenommen, die kurz vor dem ersten Weltkrieg durch das Hunza-Tal zur Verbindung der indischen und russischen Netze gelegt worden war. Damals wurden auch eine Reihe der Hochgipfel im Karakorum-Hauptkamm als Intersected Points trigonometrisch bestimmt. Später wurde dann für diese Karte noch Expeditionsaufnahmen verarbeitet, so insbesondere die Aufnahme des Batura- und des Pasu-Gletschers durch die Expedition *P. C. Vissers* von 1925.

Die Güte der topographischen Aufnahme ist bei der Meßtischmethode sehr abhängig von der Person des Topographen. Es verwundert daher nicht, daß die Aufnahme der Karakorum-Nordseite mit dem Batura-Gletscher, die der ausgezeichnete Topograph *Afraz Gul Khan* auf der Visserschen Expedition machte, recht zuverlässig ist, während die Südtäler des Hauptkammes, die der „Hunza Valley und Taghdumbash Pamir map 1 inch to 4 miles" von 1915 entnommen wurden, nur sehr mangelhaft und an vielen Stellen völlig falsch dargestellt sind.

Die Triangulation wurde von *K. Heckler* im Anschluß an die erwähnten Arbeiten des Survey of India ausgeführt. Der Survey of Pakistan in Karachi und Murree stellte dankenswerterweise die Koordinatenwerte der alten Beobachtungsstandpunkte und der Intersected Points zur Verfügung. Es galt nun, in erster Linie einige der trigonometrischen Punkte von 1912 aufzusuchen und an ihnen die neue Triangulation anzuschließen. Dies gelang *K. Heckler* bei den vier Punkten Haraj (4735 m), Zangia Harar (4260 m), Buri Harar (4200 m) und Shanoz (4040 m). Leider lagen sie für eine topographische Aufnahme des Gebietes etwas ungünstig, da sie ja nur für die Durchführung der Triangulationskette durch das Hunza-Tal angelegt worden waren. Der Anschluß an die 4 Festpunkte erübrigte astronomische Beobachtungen, die ursprünglich vorgesehen und auch instrumentell vorbereitet waren. Außer auf den vier alten Festpunkten triangulierte *K. Heckler* noch auf sechs weiteren, von ihm neu errichteten Punkten. Er begann im Gebiet von Toltar und umkreiste im Laufe von 2 Monaten den Hauptkamm über Süden und Osten nach der Nordseite.

W. Pillewizer, Erdkunde, Bd. X, 1. Heft, 1956, S. 5.

Eisenbahnlinien und Oberflächenformen in südrussischen Steppenlandschaften

Wenn man von erhöhten Standpunkten aus die weiten Steppen der Don-Wolga-Platte überschaut, so glaubt man zunächst, eine ganz ebene, höchstens aber leicht wellige Grasfläche um sich zu haben. Unter diesem optischen Eindruck stehend zweifelt man auch nicht an der Verkehrsdurchgängigkeit dieser Steppenlandschaft. Wenn man aber von den Hochpunkten herunterkommt und zu Fuß oder mit dem Wagen die Ebenen und Hügelländer zwischen Tschir, Don und Wolga durchstreift, bietet sich ein ganz anderes Bild. Versteckt an einem wenig geneigten Hang steht man plötzlich vor einer tiefen Schlucht. Hat man sie umfahren oder umgangen und versucht, in das trockene Tal hinunterzukommen, so setzt nach einem Hangknick ganz unvermittelt ein kurzer Steilhang ein. Findet man keine flache Stelle, so muß man angesichts des nur wenige Meter tiefer liegenden ebenen und trockenen Talbodens zurückfahren. Man irrt auf der Hochfläche herum, quert hin und wieder eine flache Mulde, und wagt man die Fahrt in einer Schlucht talabwärts, so passiert es oft, daß man nach kurzer oder langer Strecke vor grundlosen Schlammflächen oder Bachläufen steht. Ist die Schlucht so breit, daß man noch wenden kann, hat man Glück gehabt. Je näher die Rundfahrt an die großen Flüsse Don und Wolga heranführt, desto unübersichtlicher werden die Systeme der Schluchten und Täler. Man ist froh, wenn man in diesem Gewirr von Höhen- und Tiefenlinien unweit vom Don an irgendeiner Stelle die Don-Höhenstraße erreicht oder am

Berghang der Wolga auf eine der Fahrbahnen stößt, die nach Stalingrad führt.

LUDWIG HEMPEL, *Erdkunde*, Bd. X, 1. Heft, 1956, S. 68/69.

Der Mount Rainier und das mittlere Cascaden-Gebirge

Das mittlere Cascaden-Gebirge in den Staaten Oregon und Washington beiderseits des Columbia-River, der die Grenze der beiden Staaten bildet, ist in seiner geographischen Struktur und landschaftlichen Gliederung von drei Tatsachen beherrscht:

1. Es erstreckt sich in einer Breite von 90 bis 120 km von Norden nach Süden parallel zur pazifischen Küste und zum Küstengebirge zwischen der Längstalsenke (Puget- und Williametta-Senke) und dem Columbia-Becken als ein gegen eine mittlere Kammlinie ansteigendes Plateau von 1800 bis 2500 Metern, das durch ein dichtes Talnetz nach beiden Seiten hin tief zerschnitten ist. Da es sich den vorherrschenden westlichen Winden in ganzer Breite entgegenstellt, ist seine Westflanke von äußerst üppigem, dicht unterwachsenem Regenwald bekleidet, während sich an seinem Ostrand der Übergang über trockenere, grasreiche Waldtypen aus Gelbkiefern und Eichen in die Grassteppe und weiter in die aride, baumlose Sagebruch-Steppe des Columbia-Plateaus vollzieht.

2. Über dieses Plateau erheben sich einzelne große vulkanische Kegelberge weit in die Region des ewigen Schnees. Die Vulkane liegen zum Teil auf der zentralen Kammlinie wie der Mount Adams (3800 m) und der Glacier Peak (3053 m), zum Teil weit nach Westen vorgeschoben wie der Mount St. Helens (2948 m) und der größte von allen, der Mount Rainier (oder indianisch Mount Tacoma) mit 4392 Metern. Der Mount Rainier wird wohl an Gipfelhöhe von einigen anderen Bergen der USA übertroffen, doch ist er als ein über die Waldgebirgskamme seiner Umgebung etwa 2500 m aufragender Riesenkegel von 13 km Durchmesser die gewaltigste Berggestalt der USA außerhalb Alaskas. Mit seinen 26, nach allen Seiten ausstrahlenden Gletschern von zusammen 108 qkm Oberfläche bietet er einen höchst imponierenden Anblick und beherrscht das Panorama der Städte am Puget Sound (Seattle, Tacoma, Olympia). Mount St. Helens, Mount Adams und Mount Hood beiderseits des Columbia-Tals sind die „Torwächter des Columbia" im Osten von Portland. Höchst bemerkenswert ist die

vertikale Zonierung des Klimas an diesen Vulkankegeln. Am Mount Rainier ist die Schneegrenze durch die gewaltigen winterlichen Schneefälle der mittleren Lagen so stark herabgedrückt, auf der anderen Seite der Feuchtwald durch das milde ozeanische Klima so begünstigt, daß sich die alpine Baumgrenze und die Grenze des ewigen Schnees sehr nahe kommen, vielleicht näher als an irgendeiner anderen Stelle der Erde. Um so auffallender ist die große Trockenheit und Strahlungsintensität im oberen Teil der nivalen Stufe.

3. Das Durchbruchstal des Columbia River von 90 km Länge bietet einen idealen Querschnitt durch das ganze Gebirge, der in der Mittelachse 1000 bis 1500 m tief ist. Dabei liegt die Talsohle schon beim Eintritt in die Schluchtstrecke unterhalb The Dalles nur auf 35 m Meereshöhe. Im mittleren Teil der Schlucht, wo die Achse des Gebirges durchbrochen wird, fällt sie in einer Serie von Stromschnellen, die dem ganzen Gebirge den Namen gegeben haben von 12,5 auf 1,8 m Meereshöhe, so daß bis an die Cascaden (200 km oberhalb der Mündung) die Gezeiten spürbar sind.

Carl Troll, Erdkunde, Bd. IX, 4. Heft, 1955, S. 264/6.

Der heutige Irak als Beispiel orientalischen Wirtschaftsgeistes

Es ist das unvergängliche Verdienst von *Alfred Rühl*, als erster in der modernen Geographie auf die große Bedeutung des Wirtschaftsgeistes für die Herausbildung regionaler Eigentümlichkeiten des Wirtschaftslebens hingewiesen zu haben. Seine Arbeiten über den Wirtschaftsgeist in Spanien, im Orient und in Amerika erschienen zu einer Zeit, in der man unter „Geographische Grundlagen des Wirtschaftslebens" fast ausschließlich physisch-geographische Gegebenheiten verstand. Gegenüber dieser traditionellen naturwissenschaftlich orientierten Einstellung zeigte *Rühl* in Anlehnung an Ergebnisse der Sozialwissenschaften, welch entscheidenden Einfluß auch psychische Phänomene auf die Erscheinungen der Wirtschaft haben können.

Diese Untersuchungen *Rühls* wurden von der Wirtschaftsgeographie der vergangenen Jahrzehnte viel zu wenig beachtet. Es verstrichen mehr als dreißig Jahre seit dem Erscheinen des bahnbrechenden *Rühl*schen Aufsatzes, bis der Wirtschaftsgeist in einem systematischen Lehrbuch der Allgemeinen Wirtschaftsgeographie

den Platz gefunden hat, der ihm im System der das Wirtschafts-
leben bedingenden Kausalfaktoren gebührt. Auch Regional-
arbeiten mit dem Zweck, die von *Rühl* aufgezeigten Probleme an
Hand von Einzelbeispielen zu vertiefen, gibt es bis heute kaum.
So soll nachstehende Untersuchung an Hand eines räumlich und
zeitlich klar abgegrenzten Beispiels — Irak 1953 — einen kleinen
Beitrag zur Problematik des Wirtschaftsgeistes unterentwickelter
Länder, vor allem des Orients, geben.

Der Europäer, der zum ersten Male in den Orient kommt, stößt
dort mit Schritt und Tritt auf wirtschaftliche Verhaltensweisen,
die ihn fremd, oft sogar fast unverständlich anmuten. Im Irak z. B.
werden zwar neue Zementfabriken oder Raffinerien nach modern-
sten volks- und betriebswirtschaftlichen Gesichtspunkten geplant;
die Besitzer der meisten kleineren Fabriken haben aber nicht die
geringste Ahnung, ob ihr Betrieb überhaupt rentabel arbeitet,
oder ob sie nicht alljährlich große Summen zuschießen müssen.
An der syrisch-irakischen Grenze schließlich kann man sogar noch
echte Steuerpächter finden, Männer, die vom Staat gegen Zahlung
einer jährlichen festen Summe das Recht erhalten, von den
Beduinen für jedes die Grenze überschreitende Kamel einen
Betrag von etwa zehn Pfennigen einzufordern.

Die Mechanisierung der Landwirtschaft geht im Irak nur langsam voran. Aber auch die wenigen Traktoren, die gekauft werden,
werden durchaus nicht in erster Linie aus Rentabilitätsüberlegun-
gen heraus angeschafft. Ein Grundbesitzer z. B., kauft einen Traktor — obwohl dieser auf seinem Besitz ohne großen Nutzen ist —
deshalb, weil der Kaufmann, der ihm das Angebot machte, ein
guter Freund ist. Ein anderer Scheich, dessen Besitzungen vorwiegend aus Reisfeldern bestehen, kaufte sich gleich drei Traktoren, obwohl er sie ebenfalls kaum sinnvoll einsetzen kann. Aber
ein benachbarter, kleinerer Scheich hatte sich für seine riesigen
Weizenfelder vor kurzem zwei Traktoren gekauft; damit wurde es
eine Forderung des Prestiges, zumindest einen Traktor mehr zu
besitzen, als der Rivale.

EUGEN WIRTH, Die Erde, 1. Heft, 1956, S. 30.

Die Sahara-Forschungsfahrt 1954/5

Ein spezielles Problem war die genaue Erforschung der Formen-
übergänge sowie der besonderen Struktur der geomorphologischen

Landschaftszonen von der Mittelmeerküste (Nordsahara) bis in das Gebiet nördlich des Tibestigebirges (Zentralsahara). Damit sollte die Lücke zwischen den Beobachtungen in der westlichen Sahara und denen in Ägypten ausgefüllt werden, die trotz der dankenswerten Vorarbeiten einiger italienischer und deutscher Unternehmungen noch bestand. Ziel war, unter moderner, dem Stand der Wissenschaft angepaßter Fragestellung zu einem geschlossenen Gesamtbild der geomorphologischen und klimageschichtlichen Verhältnisse der Sahara bis etwa zum nördlichen Wendekreis zu kommen. Das Rückgrat dieser Untersuchungen bildete ein geomorphologisches Hauptprofil entlang der Linie Tripoli – Ğebel es-Soda – Ostrand der Edeyen Ubari und Murzuk – Serir Tibesti. Es wurde im Westen durch ein Vergleichsprofil Zuara – Ğebel Nefusa – Ghadames (hier eine Lücke) – Ghat ergänzt. Nach Osten hin war eine Erweiterung durch die Kontrolluntersuchungen in der Sirtenwüste sowie südlich des Hauruğ im Bereich von Wau el-Kebir – Wau en-Namus gegeben.

Das Augenmerk wurde vor allem auch auf die Verbreitung und besondere Struktur der Böden gerichtet, die als bester Indikator für die Erkenntnis klimamorphologischer Einflüsse bzw. Veränderungen angesehen werden. So wurden rd. 250 Bodenproben (einschl. verschiedener Gesteinsproben) gesammelt und zur eingehenden morphologischen und physikalisch-chemischen Analyse mitgebracht. Sie werden außerdem ermöglichen, in gewissen Grenzen eine Bodenkarte des westlichen und mittleren Libyens zu entwerfen.

Talgeschichtliche Untersuchungen in den sog. „Wadis" der Zentralsahara deuten auf wesentliche Unterschiede zu den eindeutig pluvialzeitlichen Wadis in der nördlichen Zone hin. Die Funde fossiler Böden im Ğebel es-Soda sowie sogar noch am Nordwestrande der Serir Tibesti werden ein wertvolles Seitenstück zu jüngst von deutschen Forschern gemachten ähnlichen Funden in der westlichen Zentralsahara sein. Mit der Entdeckung von bisher in der Sahara noch nicht oder nur als ganz lokale Erscheinungen nachgewiesenen besonderen Bodenstrukturen ging ein intensives Studium der morphologischen Wirkungen des extremen Wüstenklimas einher. Die ebene, nur in etwa 500 m Meereshöhe gelegene Serir Tibesti erwies sich als Beispiel einer Kernwüste, in der u. a. der Hydratation offensichtlich eine große Rolle zukommt. Im Gegensatz zu den bisher bekannt gewordenen Ergebnissen aus dem in etwa gleicher Breite liegenden Hoggargebirge drängt sich hier die Anschauung auf, daß die östliche Zentralsahara im Norden des Tibestigebirges wohl keinen oder zumindest nicht exakt nachweisbaren pluvialzeitlichen Klimaschwankungen unterworfen gewesen ist, also einen alten Kernraum der Sahara darstellt.

WOLFGANG MECKELEIN, *Die Erde*, 3–4. Heft, 1955, S. 315.

Untersuchung über die Wasserführung des Bodens in Abhängigkeit vom Witterungsablauf und von der Vegetationsbedeckung

Für jede Aufgabe der Kulturtechnik oder Regionalplanung ist die Kenntnis der optimalen Wasserbilanz vonnöten. Muß dabei auf der einen Seite Klarheit über die Beziehungen zwischen Niederschlag, Abfluß, Verdunstung und Verbrauch gewonnen werden, so wird es andererseits notwendig sein, die Korrelation zwischen der Wasserführung des Bodens und den Witterungsphasen aufzudecken und quantitativ zu erfassen. Dabei muß weiterhin dem Wasserbedarf der Vegetation Rechnung getragen werden, womit wiederum der Land- und Forstwirtschaft für die jeweilige Pflanzen Hinweise auf Optimalstandorte oder auf Gebiete mit einer zeitweise unzureichenden Wasserversorgung gegeben werden können. Auf der Basis derartiger Meßreihen kann darüber hinaus auch in der humiden Zone gezeigt werden, daß die künstliche Bewässerung bei sinnvoller Anwendung in den Zeiten der Verarmung des Oberbodens an Wasser zur Steigerung und Sicherung der Erträge beitragen kann. Großräumige Erfassung der Wasserbilanz und punktweise Erhebungen der Wasserführung des Bodens in Abhängigkeit von der Bodenstruktur, dem Witterungsablauf und der Vegetationsbedeckung ergeben somit ein Gesamtbild des Wasserhaushalts eines Gebietes.

Im Rahmen einer Arbeit über den Obstbau in den schleswigholsteinischen Elbmarschen konnte die Wasserführung des Bodens in einer Meßreihe über zwei Vegetationsperioden vom April 1951 bis November 1952 an zwei Beispielen untersucht werden. Obgleich die Unterschiede der Bodenfeuchte verschiedener Böden unter Berücksichtigung der Pflanzendecke und der Witterungsereignisse jedem Beobachter geläufig sind, finden sich in der Literatur bis 1945, abgesehen von Lysimeterbeobachtungen, keine

Meßreihen sondern nur qualitative Angaben. Im Jahre 1939 wurde die Errichtung eines dichten Beobachtungsnetzes zur Untersuchung der Bodenfeuchtigkeit in Nordwestdeutschland geplant; die Arbeiten mußten aber nach kurzer Zeit wieder eingestellt werden. Um den Anforderungen der Praxis gerecht zu werden, ist dieses Forschungsgebiet nach 1948 hauptsächlich von den agrarmeteorologischen Beobachtungsstationen aufgegriffen und in methodischer Hinsicht vorangetrieben worden. Während die Bodenkunde ihre Untersuchungen auf die Feststellung der minimalen und maximalen Wasserkapazität und der Hygroskopizität und damit auf die Ermittelung der physikalischen Struktur des natürlich gelagerten Bodens ausgerichtet hatte, bestimmt die Agrarmeteorologie den „Wassergehalt des unbewachsenen Bodens, bezogen auf 100 g getrockneten Bodens", und veröffentlicht nach vorherigen informatorischen Erhebungen in Heidelberg und Gießen seit Januar 1954 die Werte der Bodenfeuchte für die Bodentiefen 10–20 cm, 40–50 cm und für 90–100 cm Tiefe, und zwar für 11 bzw. heute schon für 14 Stationen in Westdeutschland.

GÜNTER BORCHERT, Erdkunde, Bd. X, 1. Heft, 1956, S. 76.

GEOLOGY

Erdbeben

Am frühen Morgen des 18. April 1906 spürten einige Einwohner von San Francisco ein schwaches Erzittern des Bodens, das von einem dumpfen unterirdischen Rollen begleitet war. Nach einer Minute steigerten sich die Bewegungen und schreckten die Bevölkerung der kalifornischen Küstengebiete aus dem Schlafe auf. Nun folgten eine Reihe anfangs äußerst heftiger, dann allmählich nachlassender Stöße. Das ganze Beben umfaßte einen Zeitraum von $3\frac{1}{2}$ min, aber es genügte, um San Francisco und eine Anzahl benachbarter kleinerer Städte teilweise in Schutt zu legen. Gefühlt wurden die Erschütterungen mit abnehmender Stärke noch auf einer sehr viel größeren Fläche. Auch die Schiffe in der Nähe des Landes erhielten Stöße, als ob sie über ein Felsenriff hinwegglitten. Schwankungen des Meeresspiegels und Flutwellen, die bei anderen Küstenbeben, z. B. bei Messina 1908, von verheerender Wirkung waren, fehlten dagegen. Dem Hauptbeben folgte ein Schwarm von Nachstößen geringerer Stärke. Am 18. April wurden 25, bis zum Monatsende täglich mindestens eine

Erschütterung gezählt. Die letzten Nachläufer zogen sich bis ins nächste Jahr.

Die Stärke der Zerstörungen stand in enger Abhängigkeit von der Beschaffenheit des Untergrundes. Auf anstehendem Fels und dünner Verwitterungsdecke waren die Schäden gering. Am stärksten wurden die Gebiete mit mächtigem, lockerem Schwemmlandboden betroffen; in den Talauen war der Erdboden streckenweise in ein Haufwerk von Schollen zerlegt. Durch die Schüttelbewegungen setzten sich die wassergetränkten Schichten. Das Grundwasser trat aus, spritzte während der Hauptstöße springbrunnenförmig hervor und baute aus den mitgeführten Massen von Sand und Schlamm kleine Krater auf. An steileren, tief durchgewitterten Hängen brachte das Beben Bergrutsche in Bewegung. Auch hier spielte neben der Rißbildung und der Erschütterung aufquellendes Grundwasser in vielen Fällen eine Rolle.

Die Feldbeobachtungen unmittelbar nach der Katastrophe vermittelten über diese sekundären Folgeerscheinungen hinaus einen Einblick in die Ursache des Bebens. Längs einer 435 km langen, etwa parallel der Küste verlaufenden Linie, der sog. San Andreas-Spalte, war die Grasnarbe oft auf mehrere Meter Breite wie von einem Riesenpflug aufgerissen und zu Schollen zerfetzt. Diesseits und jenseits der Spalte paßte das Land nicht mehr aneinander. Aus der Versetzung von Wegen und Zäunen ergab sich, daß der Küstenstreifen Kaliforniens sich relativ zum Festlandsblock um 3 m gegen NW bewegt hatte. Unzweifelhaft waren diese Bewegungen die Ursache der Erderschütterung; das ergab sich aus dem Aufreißen der Spalte während des Bebens und aus der engen Bindung der Gebiete stärkster Zerstörung an ihren Verlauf.

EMANUEL KAYSER'S *Abriß der Geologie. Siebente, verbesserte Auflage von Roland Brinkmann*, Bd. 1, 1948, S. 134/5.

Zeitmessung in der Erdgeschichte

In den langen Zeiträumen der Erdgeschichte, die weit vor dem Beginn aller geschriebenen Überlieferungen liegen, versagen die Hilfsmittel und Maßstäbe, die uns aus der Menschheitsgeschichte vertraut sind. Der Geologe kann nur selten nach Jahren rechnen, meist muß er sich mit relativen Altersangaben begnügen. Erst neuerdings haben geologische und physikalische Methoden die

Möglichkeit eröffnet, in bestimmten Fällen zuverlässige Ziffern für eine absolute Zeitrechnung zu gewinnen.

Relative Zeitmessung auf stratigraphischem Wege. Bei der Bildung der Sedimentgesteine stapelt sich nacheinander Schicht auf Schicht, wobei die spätere jeweils der früher gebildeten aufruht. In ungestörten oder wenig geneigten Gesteinsfolgen entspricht daher die Richtung vom Liegenden zum Hangenden der Altersfolge vom Älteren zum Jüngeren. Der dänische Arzt *N. Steno,* dem wir dies stratigraphische Grundgesetz verdanken, erkannte 1669 bei seinen Forschungen im Toskaner Hügelland gleichzeitig, daß die Schichten Gesteinsplatten von beträchtlicher Ausdehnung in der Waagerechten darstellen. Damit war die Möglichkeit eröffnet, die Schichtfolgen von Aufschluß zu Aufschluß zu vergleichen und miteinander altersmäßig in Beziehung zu setzen, zu parallelisieren. Durch Aneinanderfügen aller Teilprofile in historischer Ordnung gelangt man schließlich zu einer erdgeschichtlichen Zeittafel, in der jedes folgende Glied jünger als das vorangehende ist.

Dabei sah man bald, daß manche Gesteine, etwa die Steinkohle, in gewissen Schichtkomplexen besonders häufig sind und versuchte nun, vor allem unter dem Einfluß *A. G. Werners,* aus der Gesteinsbeschaffenheit auf das Alter zu schließen und z. B. alle steinkohlenführenden Schichten in einer „Steinkohlenformation" unterzubringen. Das bedeutete aber eine Überspannung des *Steno*schen Prinzips. Wie heute, so entstanden auch in der geologischen Vergangenheit gleichzeitig nebeneinander mannigfaltige Ablagerungen. Wenn auch gewisse Zeitmoden in der Erdgeschichte nicht zu verkennen sind, so kann doch die Gesteinsbeschaffenheit allein kein Altersmerkmal bieten. Diese Einschränkung gilt auch für die Parallelisierung von Aufschluß zu Aufschluß. Auch hier sind Faziesänderungen als mögliche Fehlerquellen stets im Auge zu behalten. Die Fazies kann wandern; ein Basalkonglomerat ist z. B. als Schichtplatte einheitlich, wird aber doch in der Richtung der Transgression fortschreitend jünger.

EMANUEL KAYSER'S *Abriß der Geologie. Siebente, verbesserte Auflage von Roland Brinkmann,* Bd. 2, 1948, S. 2/3.

Bergellermassiv und Berninagruppe

Zu Beginn dieses Jahrhunderts galt das Berninamassiv mit seinen Eruptivgesteinen als autochthon. Die Forschungen von *Ed.*

Bloesch und *F. Zyndel* erwiesen den „schwimmenden" Charakter des Gebirges. *H. P. Cornelius* lieferte bestätigende Ergebnisse aus dem obern Veltlin und dem Septimer-Julier-Gebiet. *R. Staub* war es dann vorbehalten, in selbstloser, jahrelanger Arbeit den Bauplan der höchsten Berggruppe der Ostalpen klarzulegen und deren Aufnahme (1946) durchzuführen. Gleichzeitig erforschte dieser Autor auch das Bergeller Massiv, von welchem er 1921 die Karte 1 : 50 000 herausgab.

Das Studium der geologischen Karten zeigt uns, daß in der Bernina- und Bergeller Gruppe ein mächtiges, gegen Osten abtauchendes Gewölbe vorliegt. Wir haben es mit der Fortsetzung des Deckenscheitels der Tessiner Decken zu tun, der in dem breiteren Ostalpenkörper zu einer von mehreren Deckenantiklinalen geworden ist. In den Kern dieses unmittelbar mit den Wurzeln verbundenen Gewölbes drang in spätalpiner Zeit das Magma des Bergellergranites ein.

Wir gehen wieder von Westen und von den tiefsten Einheiten aus. Vom Comersee herkommend, queren wir am Lago di Mezzola die alpine Wurzelzone. Das Kristallin des Monte Droso, des westlichen Eckpfeilers der Bergeller Alpen, ist noch nicht genauer kartiert worden. *E. Repossi* beschreibt dasselbe in seinem von den Schweizer Geologen und Petrographen meist übersehenen Werk (1917) als durch Sillimanitgneise, Marmor-, Peridotit-, Hornblende- und Pyroxenlinsen charakterisiert. *R. Staub* (1918) gibt „Paragneise und Glimmerschiefer, zum Teil mit Sillimanit, selten Kieselschiefer" an. Es handelt sich nach diesem Autor (1946) um die Wurzel und wurzelnahe Teile der Tambo-Decke. Von Chiavenna bis an den Maloja streicht eine penninische Zone um die andere nach dem Bergeller Massiv, so die Tambo-Decke mit ihren Ortho- und Paragneisen, Zonen von Grüngesteinen (Chiavenna, Piuro-Plurs) enthaltend, weiterhin über einer trennenden Zone von Permokarbon und Trias das Kristallin der Suretta-Decke. Oberhalb Vicosoprano gelangen wir in die Bündnerschiefer-Ophiolith-Masse zwischen Suretta- und Margna-Decke, in welche das ganze Val Maroz eingelassen ist, und bei Casaccia kommen wir wieder in den Bereich der Margna-Decke, die hier mit altkristalliner Basis von Septimer in das Berninagebiet durchzieht. Alle diese Zonen, mit Ausnahme der letztgenannten, stoßen südlich der Mera diskordant am Bergeller Granitlakkolith ab; die Margna-Decke liegt schon im Dache desselben. Der Primärkontakt zwischen

Deckengerüst und Granit tritt großartig in Erscheinung. Breite Injektions- und Einschmelzungszonen lassen die weitgehende Umwandlung aller Decken erkennen. Mit den älteren Gesteinen sind auch Trias und Jura (Bündnerschiefer) aufgeschmolzen worden.

J. Cadisch, Geologie der Schweizer Alpen, 1953, S. 376/7.

Der Mechanismus der alpinen Gebirgsbildung

Die systematische Tektonik unterscheidet von alters her zwischen Bruch- und Faltendislokation. Erstere wird oft auch als vertikale, letztere als tangentiale Umformung bezeichnet. Dieser Unterscheidungsweise mag, soweit sie die Großformen der Erdrinde, Geosynklinalen und Kontinentalplatten betrifft, eine gewisse Berechtigung zukommen. Sie schließt aus örtlichen Erscheinungsformen auf Bewegungsrichtungen und fragt nicht nach den gemeinsamen Ursachen. In bezug auf die Kleinformen berücksichtigt die Lehrbuchsystematik mehr den Einfluß des verschiedenen Materials, d. h. der Gesteinsarten und der Gesteinsmassen. Granitstöcke und Dolomitklötze weisen vorzugsweise Bruchtektonik, Flyschgesteine Faltung vom größten bis zum kleinsten Kaliber auf.

Das Studium der vergleichenden Tektonik zeigt uns mit aller Deutlichkeit, daß faltende und brechende, scherende und gleitende Vorgänge stets miteinander kombiniert sind, ja, daß Faltung hie und da ausschließlich durch Gleitung zustande kommt. In vielen Fällen, wo man dies nicht zum vornherein vermutet, ergibt sich ein großer Anteil scherender Bewegung. Die schönsten Umbiegungen unserer Alpen, so die berühmte Sichelkammfalte (Walenseegebiet), die Falten der Vierwaldstätterseegegend u. a. Biegefalten sind von Scherflächen aller Art durchsetzt. Es ist also oft nur die Größenordnung der Formen, welche uns bald die Bruchflächen, bald die Faltenzeichnung auffälliger vor Augen treten läßt.

Wir betrachten zunächst als einfaches Beispiel das Juragebirge. *Ed. Reyer* schrieb 1892: „Die Faltungen des Jura verlaufen gegen die französische Ebene; die Schichten sind in dieser Richtung geschoben worden." Er war der Auffassung, daß Faltung in der Regel über einem Gleitniveau vor sich gehe. Auf Grund eingehender Untersuchungen nahm *A. Buxtorf* 1906 und 1911 an, daß die wechselnd kalkigen und mergelig-tonigen Schichtglieder des östlichen Faltenjuras über einer Gleitfläche zusammengeschoben

wurden, welche nahe der Triasbasis liegt. Im Westen und Süd-
westen dürfte nach *A. Amsler* die basale Schubfläche in höheren
Niveaus, d. h. im Argovien und Oxford, angelegt sein. Später
äußerten der Verfasser (1934) und *D. Aubert* (1945 und 1947) die
Auffassung, daß die Jurafaltung an streichenden Störungen bis ins
Grundgebirge hinabreichen könnte. In den zwischenliegenden
Zonen hatte Gleitfaltung im Anhydritniveau stattgefunden.

J. CADISCH, *Geologie der Schweizer Alpen,* 1953, S. 263/4.

Die metamorphen Bildungen

Viele Gesteine des heute aufgeschlossenen Baumaterials des
alpinen Orogens müssen als metamorphe Bildungen bezeichnet
werden, weil ihre heutige Beschaffenheit in bezug auf Mineral-
bestand, Struktur und Textur im wesentlichen eine Folge meta-
morphosierender Vorgänge ist. Durchwegs metamorph sind in den
Schweizer Alpen alle vor dem Oberkarbon abgelagerten Sedi-
mente. Aber auch die jüngeren, permokarbonischen und post-
permischen sedimentären Bildungen befinden sich mancherorts
heute in metamorphem Zustande, so vor allem in den penninischen
Decken. Schließlich sind auch die jungen und alten Magmatite in
vielen Fällen zu eigentlichen metamorphen Gesteinen verändert.

Zahlreich und mannigfaltig sind die geologischen Vorgänge, die
im alpinen Raume zu Gesteinsumwandlungen geführt haben.
Mehr lokal sind Wirkungen der Kontaktmetamorphosen, verursacht durch die zu verschiedenen Zeiten alpin und voralpin einge-
drungenen Magmen. Von weit größerer Bedeutung sind in den
Alpen Dislokationsmetamorphosen. Während der Hauptfaltungen
des alpinen orogenen Zyklus sind viele junge wie alte Gesteine zu
Metamorphiten umgewandelt worden. Aber auch voralpine Ge-
birgsbildungen wurden von dislokationsmetamorphen Erscheinungen begleitet: manche kristalline Schiefer der Zentralmassive und
fast alle der oberostalpinen Decken sind auch heute noch im
wesentlichen Produkte einer voralpinen Metamorphose, die nur
in geringem Maße von einer jüngeren alpinen Umwandlung über-
prägt wurden. Die zeitliche und räumliche Vielfältigkeit der Metamorphose in den Schweizer Alpen bringt mit sich, daß manche
Gesteine polymetamorphe Bildungen sind; bei mikroskopischer
Untersuchung kann der Anteil der verschiedenen Metamorphosen
am heutigen Zustandsbild oft noch auseinandergehalten werden.

Das starke Überwiegen dislokationsmetamorpher Bildungen bringt mit sich, daß die alpinen Metamorphite ganz vorherrschend eine schiefrige bis gneisige Textur besitzen: nicht ohne Grund pflegen die alpinen Petrologen seit Jahrzehnten die metamorphen Gesteine der Alpen als „Kristalline Schiefer" zu bezeichnen.

J. CADISCH, *Geologie der Schweizer Alpen*, 1953, S. 80/1.

Erdgas in Italien

Die wissenschaftliche Bearbeitung der norditalienischen Erdöllagerstätten wurde 1925 von dem Geologen *Porro* eingeleitet. Ihm gebührt das Verdienst, als erster die zahlreichen, heute an der Erdoberfläche liegenden Kohlenwasserstoffvorkommen alten Lagerstätten zugeschrieben zu haben, die durch die Erdbewegungen gehoben wurden und durch Abtragung der Deckschichten an die Erdoberfläche gelangten. Auf Grund dieser Überlegungen veranlaßte er Nachforschungen nach Erdgaslagerstätten im Apennin, nicht aber — wie bisher — in der Nähe von Erdgasaustrittsstellen sondern in der Po-Ebene, wo die tektonischen Bewegungen weniger stark waren und die Bedingungen für die Erhaltung einer größeren Zahl unterirdischer Lager infolgedessen günstiger sein müßten.

In diesem Raum begann nun die AGIP (Azienda Generale Italiana Petroli) 1926 ihre Bohrungen und stieß in der Tat auf einige bis dahin unbekannte erdgasführende Schichten, die ausgebeutet wurden, aber doch immer noch recht bescheidene Ergebnisse brachten. Erst 1940 konnte die Erschließung der Po-Ebene mit besserem Erfolg durchgeführt werden, und zwar durch die Einführung der seismischen Reflexionsmethode. Damals nahm die AGIP mit technischer Unterstützung der Western Geophysical Co. (U.S.A.) die wissenschaftliche Erforschung geologischer Strukturen in Arbeit, die bereits erbohrt waren. 1942 fand man das kleine Feld von San Giorgio (Piacenza), und 1944 wurde die erste Bohrung bei Caviaga (Mailand) niedergebracht, die ein trockenes Gas mit hohem Druck erbrachte. Die Nachkriegsverhältnisse verhinderten zwei Jahre lang den Fortschritt der Arbeiten; erst dann wurde die Erbohrung von Caviaga wiederaufgenommen. Die Entdeckung dieses Feldes bedeutete einen großen Auftrieb für den Fortgang der Arbeiten, zumal die Ergebnisse immer besser wurden.

1948 wurde das Erdgasfeld von Ripalta entdeckt, 1949 das Gas- und Ölfeld von Cortemaggiore. Es folgten die Felder von Corne- liano 1950, Pontenure 1951, Bordolono und Correggio 1952, Ravenna, Imola, Verolanuova, Cotignola, Santerno und Alfon- sine 1953, Sergnano, Piadena, Desana, Soresina, Porto Corsini, Pandino und Romanengo 1954.

BRUNO MARTINIS, *Die Umschau*, 13. Heft, 1955, S. 395.

Die kristallinen Schiefer

Die Mineralgesellschaften, aus denen sich die Gesteine aufbauen, sind im allgemeinen nur in einem beschränkten Temperatur- und Druckbereich bestandfähig. Entfernen sich die Zustandsgrößen allzuweit von den Verhältnissen bei der Entstehung, so werden die Minerale instabil und müssen sich den neuen Bedingungen anpas- sen. Verwitterung und Diagenese gehören in diesem Sinne ebenso in den Kreis der durch Gleichgewichtsverschiebungen bedingten Um- wandlungsvorgänge wie die Umprägungen, die sich in den tieferen Teilen der Erdkruste vollziehen. Vom physikalisch-chemischen Standpunkt aus ist es daher berechtigt, alle diese Erscheinungen unter dem Begriff der Gesteinsmetamorphose zusammenzufassen. Üblicherweise beschränkt man jedoch diese Bezeichnung auf die Tiefenvorgänge und unterscheidet die Kontaktmetamorphose, die Hitzewirkung magmatischer Schmelzen auf ihre Umgebung, von der Regionalmetamorphose, die durch Versenkung ausgedehnter Schollen in tiefere Krustenzonen zustande kommt. Man bezeich- net die regionalmetamorphen Gesteine (Metamorphite) nach ihren hervortretenden Eigenschaften als kristalline Schiefer. Der Aus- druck Gneis ist ebenfalls — nicht ganz korrekt — in diesem allge- meinen Sinne gebräuchlich.

Struktur der kristallinen Schiefer. Die Formentwicklung der Minerale scheint sich auf den ersten Blick wenig von der de Erstarrungsgesteine zu unterscheiden. Man trifft grob- und fein- kristalline, gleichkörnige und porphyrische Gefüge, nur die glasige Ausbildung kommt niemals vor. Bei mikroskopischer Betrachtung zeigt sich jedoch, daß von einer Ausscheidungsfolge wie im Mag- ma keine Rede sein kann. Vielfach scheinen alle Minerale gleich alt zu sein. Sie umschließen einander unbeschränkt, oft in sol- chem Maße, daß die Kristalle ganz unregelmäßig umgrenzt oder

131

siebartig von Einschlüssen durchsetzt sind. Gradunterschiede der Idiomorphie bestehen wohl, sind aber auf die Kristallisationskraft zurückzuführen, mit der gewisse Minerale, vor allem Granat, Staurolith, Disthen ihre Eigenform gegenüber den Nachbarn durchzusetzen vermögen. Das Strukturbild sagt uns, daß die Umsetzungen während der Regionalmetamorphose innerhalb des festen Gesteins ohne eine auch nur teilweise Aufschmelzung vor sich gingen. Die nicht mehr bestandfähigen Ausgangsminerale wurden Teilchen für Teilchen gelöst und zum Aufbau von Neubildungen gemäß den geltenden Gleichgewichtsbedingungen umgewandelt, derart, daß in jedem Augenblick nur ein sehr geringer Bruchteil des Gesteins in Lösung war. Man bezeichnet die durch gleichzeitiges Sprossen der Minerale, durch Kristalloblastese, entstandenen Strukturen der kristallinen Schiefer als kristalloblastische. Größere, von Kristallflächen begrenzte oder augenförmig gerundete Einzelkristalle in einem feineren Grundgewebe heißen entsprechend Porphyroblasten.

EMANUEL KAYSER'S *Abriß der Geologie. Siebente, verbesserte Auflage von Roland Brinkmann*, Bd. 1, 1950, S. 232/3.

Das Wolframerzvorkommen von Belalcázar

Die Wolframerzvorkommen von Belalcázar liegen in der Provinz Cordoba, etwa 80 km nördlich der Stadt gleichen Namens. Vom Ort Belalcázar aus sind es dann noch 8 km bis zum Vorkommen in südöstlicher Richtung. Die beiden verliehenen Konzessionen heißen Alcantarilla und Cogolla alta. *Ahlfeld* hat diese Wolframlagerstätten in seiner Arbeit nicht erwähnt, sicherlich weil zur Zeit seines Besuches in Spanien nur die ersten Schurfe hier vorhanden waren. Immerhin scheint doch in dem großen Granitzug nördlich Cordoba ein Wolfram- und Zinnträger größeren Maßstabes vorzuliegen, so daß auf die Lagerstätten in dieser Arbeit eingegangen werden soll.

Erst seit 1952 sind die Vorkommen von Belalcázar bekannt, wenn auch schon seit Jahren in der Umgebung Bergbau auf Wolfram, Zinn und Kupfer getrieben wurde. Alle diese Lagerstätten sind an ein längliches, nordwest–südost-gestrecktes Granitmassiv gebunden, das einen Teil des ganz Spanien und Portugal durchziehenden variszischen Granitmassives darstellt.

Innerhalb der Provinz Cordoba sind sowohl am nördlichen wie auch am südlichen Rand des Granites verschiedene Mineralfundpunkte. Topographisch handelt es sich um ein leicht hügeliges Land, im Sommer ist es sehr heiß, die Flüsse sind fast oder ganz ausgetrocknet, so daß die Wasserversorgung problematisch wird. Landwirtschaft wird verhältnismäßig wenig getrieben, die Bodenbedeckung besteht aus Gras, kleinen Sträuchern und wenigen Bäumen. Verkehrsmäßig ist diese Gegend nicht besonders gut erschlossen. Von Cordoba führt aber eine gute Straße nach Belalcázar.

Etwa 15–20 km südwestlich des Granites, von Belalcázar aus gerechnet, liegt der bekannte Bleierzbezirk von Peñarroya mit seinem zu der Provinz Cordoba gehörigen Teil.

Im weitern Rahmen rechnet das hier behandelte Gebiet zur Sierra Morena, wie auch die später beschriebene Lagerstätte von Vilches. Im Bereich der Lagerstätte treten, soweit bis jetzt bekannt, nur zwei Gesteinsarten auf: Granit und toniger Schiefer. Das Alter des Schiefers wird als kambrisch oder silurisch angenommen, der Granit gehört wohl zur variszischen Phase. Am Kontakt zum Granit ist der Schiefer in Hornfels umgewandelt worden, Garbenschiefer wurden nicht beobachtet. Der Granit ist etwa 1–2 m tief verwittert und bildet einen lockeren Grus. Die petrographische Ausbildung wechselt von normalkörnig bis ausgesprochen grobkörnig (am Fluß), wo auch eine Fließtextur der Feldspäte bemerkt wurde. Typische wollsackartige und bankige Verwitterungsformen sind häufig zu bemerken.

Die Grenze Schiefer–Granit bildet keine gerade Linie, sondern es scheint, daß auf dem Granit z. T. noch Schieferfetzen aufliegen, so daß hier nur durch Kartierung etwas über den Grenzverlauf ausgesagt werden kann. Die wolframführenden Quarzgänge nun liegen an der Grenze Schiefer–Granit, wobei bei dem derzeitigen Stand der Aufschlüsse nicht gesagt werden kann, in welchem Gestein sie weiter hineinsetzen. Soweit bis jetzt zu sehen, ist die Mineralisierung im Schiefer und Granit gleich intensiv.

'Zur Geologie und Mineralogie der Wolframlagerstätten', von H. P. RECHENBERG, *Zeitschrift der Deutschen Geologischen Gesellschaft*, 106. Bd., 2. Teil, 1954, S. 505/6.

Geologische Tätigkeit der Gletscher

Verbreitung und Entstehung. Schnee fällt auf weite Flächen des Festlandes, aber nur im Hochgebirge und in den Polargebieten, den „Regionen des ewigen Schnees", schmilzt er im Jahreslauf nicht wieder fort und sammelt sich mehr und mehr an. Man nennt die Linie, oberhalb der auch im Sommer der Schnee nicht völlig verschwindet, die Schneegrenze oder Firnlinie.

Die Höhenlage der Schneegrenze hängt sowohl vom Niederschlag wie von der Temperatur ab. Sie erreicht daher ihren höchsten Stand nicht am Äquator (5000 m), sondern in den Trockengürteln um ±30° Breite und in den meerfernsten Teilen der Kontinente (6000 m). Gegen die Pole senkt sie sich. In den Alpen liegt sie in 3200–2400 m, in Skandinavien in rund 1500 m Höhe, in der Antarktis geht sie bis auf den Meeresspiegel herunter. Änderungen des Klimas verschieben die Lage der Schneegrenze. Erhöhte Niederschläge, wirksamer noch niedrigere Sommertemperaturen haben eine Senkung der Grenze im Gefolge. Die größte Ausbreitung der Gletscher in der jüngsten geologischen Vergangenheit, der diluvialen Eiszeit, während welcher sich die vereisten Gebiete auf mehr als das Doppelte der heutigen Fläche ausdehnten, dürfte wohl ähnlich zu erklären sein.

Der aufgehäufte Schnee unterliegt einer zeitlich fortschreitenden Metamorphose, der Verfirnung. Durch innere Sublimation, sowie durch Anschmelzen und Wiedergefrieren, gehen die winzigen, sperrig gelagerten hexagonalen Kristallskelette des Schnees unter dem Druck der Auflast in rundliche, zunehmend gröbere und dichter gepackte Kristallkörner über. Der flockige Neuschnee wandelt sich auf diese Weise unter Setzung in körnigen Firn, schließlich in festes Gletschereis um.

Erreichen die übereinandergestapelten Firnschichten auf geneigter Unterlage eine gewisse Dicke, so geraten sie infolge ihrer Schwere in Bewegung und gleiten in Form eines Gletschers talab. Die Art der Bewegung stimmt im wesentlichen mit derjenigen der Gewässer überein. Wie der Fluß, paßt sich auch der Gletscher seinem Bett an. Wie dort, nimmt die Stromgeschwindigkeit stetig von der Sohle zur Oberfläche sowie vom Rande zur Mitte zu, — nur mit dem Unterschiede, daß sie fast millionenfach kleiner als die der Wasserläufe bleibt.

EMANUEL KAYSER's *Abriß der Geologie. Siebente, verbesserte Auflage von Roland Brinkmann,* 1. Bd., 1950, S. 32/33.

Diagenetische und tektonische Gesteins- und Fossildeformation

Die Verformung von Gesteinen und Fossilien kann auf zweierlei Art zustande kommen, atektonisch bei der Diagenese und tektonisch im Verlauf der gebirgsbildenden Vorgänge in den großen Orogenen. Die diagenetische Deformation beruht auf einem Volumschwund der Gesteine, der unter der Einwirkung der Auflast jüngerer Ablagerungen senkrecht zur Schichtfläche eingetreten ist. Der Volumschwund beruht in erster Linie auf Wasserverlust. Auch die Fossilien wurden von der diagenetischen Deformation mitbetroffen. Je nach der Beschaffenheit der Gesteine, der Stärke der Schalen sowie der Art der Lösungsvorgänge der Schalensubstanz ist das Ausmaß dieser Deformation sehr verschieden. Diesbezügliche Forschungsergebnisse liegen bisher nur in geringem Umfange vor.

Bei der Bestimmung der tektonischen Gesteinsdeformation müssen alle Einflüsse der diagenetischen Deformation ausgeschaltet werden. Dies ist einwandfrei dadurch möglich, daß nur flach ausgebreitete, schichtig angeordnete Fossilien benutzt werden, bei denen immer nur die Länge und Breite, nicht aber die Höhe gemessen und ausgewertet wird.

Die diagenetische Deformation führt durch Volumschwund nur zur Verkürzung des Gesteins in einer Richtung. Eine absolute Auslängung in anderen Richtungen findet nicht statt.

Bei der tektonischen Gesteinsdeformation, wie sie im Rheinischen Schiefergebirge auftritt, ist ebenfalls eine Verkürzung der Gesteine in einer Richtung eingetreten. Diese Richtung kann indessen in jedem beliebigen Winkel zur Schichtung stehen. Die tektonisch bedingte Verkürzung der Gesteine kann gelegentlich ebenso wie die diagenetische Deformation durch reinen Volumenverlust zustande kommen. In diesem Falle hat ebenfalls keine Auslängung stattgefunden. In der Regel aber sind die Gesteine bei geringem, manche sogar ohne Volumenverlust in Richtungen, die quer zur Verkürzung stehen, ausgelängt worden.

Die Träger der tektonischen Gesteinsdeformation sind im Rheinischen Gebirge stets die tonhaltigen (Schiefer-) Gesteine. Sie haben die schwerer verformbaren Sand- und Kalkgesteine in mehr oder weniger großem Umfange gezwungen „mitzumachen". Die tektonische Verformung der Gesteine ist auch den in den

Gesteinen enthaltenen Fossilien aufgeprägt worden. Je nach der Beschaffenheit und Form sowie der Lage der Schalen im Sediment geschah dies mehr oder weniger vollkommen. Das Ausmaß der tektonischen Deformation der Fossilien, das sich mit Hilfe der unten dargelegten mathematischen Formeln errechnen läßt, wird also häufig kleiner sein als die Deformation des sie einschließenden Gesteins. Bei unzureichendem Material liefern die deformierten Fossilien also oft nur Minimalwerte für die Gesteinsdeformation. Dafür, daß die Fossilien tektonisch stärker deformiert sein sollten als das sie einschließende Gestein, hat sich, abgesehen von wenigen weiter unten erwähnten Sonderfällen ohne größere Bedeutung, weder im Untersuchungsmaterial noch in der Theorie ein Anhaltspunkt ergeben.

'Die tektonische Deformation der Fossilien im Rheinischen Schiefergebirge', von HANS BREDDIN, *Zeitschrift der Deutschen Geologischen Gesellschaft*, 106. Bd., 2. Teil, 1954, S. 231/2.

MATHEMATICS

Die logarithmische Funktion

1. Betrachten wir in der Exponentialfunktion

$$x = 2^y \tag{IIa}$$

den Numerus x (Potenzwert) als unabhängig, den Logarithmus y (den Exponenten) als abhängig Veränderliche, so haben wir die logarithmische Funktion

$$y = {}^2\log x \tag{IIb}$$

Diese Funktion ist die Umkehrung der Funktion (I) und gleichbedeutend mit der Funktion (IIa), die aus (I) nur durch Vertauschung von x und y entstanden ist. In der Wertetabelle ist also auch nur x und y zu vertauschen. Wollen wir $y = {}^2\log x$ graphisch darstellen, so sind die Ordinaten der Exponentialfunktion (z. B.8) als Abszissen und ihre Abszissen (z. B.3) umgekehrt als Ordinate aufzutragen. Man kann dies leicht erreichen, indem man die Exponentialkurve $y = 2^x$ um die Halbierungslinie OH des Koordinatenwinkels herumklappt. Die Ordinatenstrecke OA wird zur Abszissenstrecke OA¹, die zugehörige Abszisse x_1 wird zur

Ordinate y_1 usf. Die Bilder der Kurven $y = 2^x$ und $y = {}^2\log x$ liegen symmetrisch zu OH.

Das Bild der logarithmischen Funktion $y = {}^2\log x$ (oder $x = 2^y$) läßt sich auch bequem auf Grund der folgenden Wertetabelle, die zu ergänzen ist, zeichnen.

x	0	$\frac{1}{16}$	$\frac{1}{8}$	$\frac{1}{4}$	$\frac{1}{2}$	1	2	4	8	16
y	..	..	..	..	..	..	1	2	3	4

Die logarithmische Kurve schmiegt sich, je mehr x sich 0 nähert, um so mehr der negativen y-Achse an; sie schneidet die x-Achse im Punkte $x = 1$ und steigt dann mit wachsendem x erst schneller, dann immer langsamer an. Im Intervall von 0 bis 1 ist die Funktion negativ, von 1 ab positiv.

Der Logarithmus von 1 ist für jede Grundzahl gleich 0. Wie kommt das hier im Bilde zum Ausdruck?

Wie groß sind die Logarithmen von $\dfrac{1}{16}, \dfrac{1}{32}, \dfrac{1}{64}, \ldots, \dfrac{1}{2^{10}}, \dfrac{1}{2^{20}}, \dfrac{1}{2^n}$?

2. Versuchen wir die Kurve der Funktion $y = {}^{10}\log x$ zu zeichnen, so ergibt sich die Schwierigkeit, daß man für die weit auseinanderliegenden Abszissenpunkte 10, 100, 1000, zu denen die Ordinaten 1, 2, 3 gehören, zu wenig nahe beieinander liegende Punkte der Kurve bekommt. Wir können uns jedoch dadurch helfen, daß wir in einem bestimmten Intervall, z. B. 1–10, beliebig viele Punkte durch Rechnung bestimmen, indem wir zu passend gewählten Logarithmen $\frac{1}{8}, \frac{2}{8}, \frac{3}{8}$ usw. die zugehörigen Numeri $10^{\frac{1}{8}}$, $10^{\frac{2}{8}}$, $10^{\frac{3}{8}}$ usw. ermitteln und diese als Abszissen abtragen. Wir erhalten

$$10^{\frac{1}{8}} = \sqrt[8]{10} = 1{,}33 \qquad \text{also } \log 1{,}33 = 0{,}125$$
$$10^{\frac{2}{8}} = \sqrt[8]{10^2} = 1{,}78 \qquad \text{,, } \quad \log 1{,}78 = 0{,}250$$
$$10^{\frac{3}{8}} = \sqrt[8]{10^3} = 2{,}37 \qquad \text{,, } \quad \log 2{,}37 = 0{,}375$$
$$\text{Ebenso } 10^{-\frac{1}{2}} = \frac{1}{\sqrt{10}} = 0{,}316 \qquad \text{,, } \quad \log 0{,}316 = 0{,}50$$

Danach können wir die logarithmische Kurve zeichnen. Um die Näherungswerte genauer ablesen zu können, empfiehlt es sich, den Maßstab der y-Achse zu verdoppeln.

Aus der Zeichnung liest man ab

Num.	2	3	4	5	6	7	8	9
Log.	0,30	0,48	0,60	..	..	..	..	..

Ermittle die Logarithmen der Zahlen 1,5; 2,7; 3,6; 4,2 usw.
Umgekehrt kann man aus der Zeichnung, wenn die Werte der
Logarithmen bekannt sind, die zugehörigen Numeri finden.
Welche Numeri gehören zu den Logarithmen 0,3; 0,4; 0,5;
0,6 usw.?

Mathematik für die Mittelstufe, PH. LÖTZBEYER und W. SCHMIEDE-
BERG, 1935, S. 70.

R. Courant: Vorlesungen über Differential- und Integralrechnung; eine Buchbesprechung

Die beiden ersten Auflagen des vorliegenden I. Bandes sind 1927
und 1930 erschienen. In ihnen wurden, entgegen der seit *Euler*
herrschenden Tradition, Differentiation und Integration von vornherein gemeinsam eingeführt. Weiterhin „versuchten die Vorlesungen, ohne Verzicht auf Präzision, den Stoff in einer undogmatisch
lesbaren Form darzustellen und abstrakte Begriffe anschaulich
zu motivieren". In der vollendeten, glücklichen Durchführung
dieses Planes lag das Geheimnis des erfolgreichen (in mehrere
Sprachen übersetzten) Buches, und hierin vor allem liegt auch der
besondere Wert der neuen Auflage.

Es ist bekannt, daß dem jungen Studenten gerade der erste
Übergang von der Behandlung des mathematischen Stoffes auf der
Schule, die ja auch die für Mathematik weniger begabten Schüler
einführen und interessieren, daher auf Anschaulichkeit größtes
Gewicht legen und sich an manchen Stellen mit Hinweisen begnügen muß, zur mathematischen Vorlesung auf der Universität
vielfach Schwierigkeiten macht, nicht selten einfach deswegen,
weil auf die Tatsache dieses Übergangs von seiten der Hochschule
nicht genügend Rücksicht genommen wird. Das Buch von *Courant*
ist ein Musterbeispiel dafür, wie alle Schwierigkeiten völlig vermieden werden können. Es bietet außer dem allgemein üblichen
Stoff einen Ausblick auf die numerischen Methoden sowie Kapitel
über die *Fourier*schen Reihen und über die Differentialgleichungen
der einfachsten Schwingungsvorgänge. Aber das Wesentliche ist
nicht das Stoffmäßige, sondern das Pädagogische, die Art der
Darstellung. Hier spürt man überall nicht nur den erfahrenen,
sondern den begnadeten Lehrer. Stets steht die anschauliche,
durch Beispiel reich illustrierte Behandlung am Anfang; wenn das
Problem von allen Seiten betrachtet und klar erfaßt ist, folgen

die strengen Definitionen und ihre Auswertung. Den Beschluß bildet meist — und das ist gerade für den Anfänger so überaus wertvoll — eine den Werdegang der Begriffsbildung erleuchtende kurze Auseinandersetzung oder, wie es einmal als Überschrift heißt, eine „Motivierung der Begriffsbildung". Der Student lernt, und zwar stets an Beispielen, welche Lücke zwischen der intuitiven Idee (etwa des Kontinuums und des stetigen Fließens) und der mathematischen Formulierung klafft; er erkennt, daß man auch die „vom naiven Standpunkt aus sozusagen selbstverständlichen Dinge" genau prüfen und untersuchen muß; er erfährt, daß die anschauliche Evidenz lange Zeit als legitimes Beweismittel gegolten und die kritische Gegenströmung erst später eingesetzt hat, daß Generationen von großen Mathematikern daran gearbeitet haben, das großartige Gebäude der heutigen Präzisionsmathematik zu errichten.

E. Lamla, Die Naturwissenschaften, 1955, S. 494.

Mathematik

Mathematik ist die aus den praktischen Aufgaben des Rechnens und Messens erwachsene Wissenschaft, die sich mit der Verknüpfung von Zahlen und Figuren beschäftigt und deren wechselseitige Beziehungen untersucht. Erweitert und vertieft wurde diese Auffassung vom Aufgabenbereich der Mathematik später durch die mathematische Grundlagenforschung, insbesondere durch die mathematische Logik und die Mengenlehre. Angeregt durch diese Untersuchungen versucht man heute die Mathematik als die Wissenschaft vom unendlich Vielen zu definieren. Danach ist ein einzelnes Dreieck strenggenommen nicht Gegenstand der Mathematik, sondern Gegenstand einfacher Messungen; erst wenn man zumindest alle aus ihm durch Parallelverschiebungen hervorgegangenen Dreiecke hinzunimmt und diese unendliche Menge von Dreiecken untersucht, erhält man mathematische Aussagen. Entsprechend ist die Frage, wie viele Primzahlen es unterhalb 1000 gibt, nicht mathematischer, sondern rechnerischer Art. Dagegen ist das Problem, ob man für die Anzahl der Primzahlen, die kleiner sind als eine vorgegebene Zahl n, einen von n abhängenden Näherungsausdruck angeben kann, der für jede Zahl n zutrifft, Gegenstand der Mathematik. Die Rolle des Unendlichen tritt auch

in der für die Mathematik typischen und außerordentlich frucht-
baren Schlußweise der vollständigen Induktion klar hervor.

Als Wissenschaft von den Strukturen (Beziehungsgefügen) gibt
die Mathematik die Übersicht über alle möglichen, rein logischen
Folgerungen aus gegebenen Grundannahmen (Axiomen), wobei die
in diesen auftretenden Begriffe sich durch die Axiome gegenseitig
festlegen. Dagegen ist eine darüber hinausgehende, „inhaltliche"
Bedeutung dieser Begriffe nicht Gegenstand der Mathematik.
Also ist es auch nicht die Frage, ob sich diese Strukturen als
Modelle etwa in der Physik verwenden lassen. Jedoch wird Wider-
spruchsfreiheit der Grundannahmen verlangt. Dieses Vorgehen
ist u. a. von großer Bedeutung in der Algebra, in der man auf
Grund ihrer gleichen Struktur beliebig viele verschiedene Dinge
zugleich erfassen kann. Die Schwierigkeit dieser Definition der
Mathematik liegt darin, unter den unübersehbar vielen möglichen
Grundannahmen die „mathematisch interessanten" zu bezeichnen
und damit die Mathematik von der reinen Logik zu trennen.

Aus DER GROSSE BROCKHAUS, Stichwort „Mathematik", 7. Bd., 1955,
mit Genehmigung des Verlages F. A. Brockhaus, Wiesbaden.

Analytische Funktionen

Während die vorangehenden Dinge eine genaue Übertragung der
entsprechenden Entwicklung im Reellen darstellen, tritt nach
Einführung der Differenzierbarkeit ein tiefgehender Unterschied
zwischen den Funktionen reellen und denen komplexen Argumentes auf: Während bei Funktionen $f(x)$ einer reellen Veränderlichen aus der Tatsache, daß sie differenzierbar ist, gar nichts
über die etwaigen höheren Ableitungen zu folgen braucht — die
erste Ableitung $f'(x)$ braucht bekanntlich nicht wiederum differenzierbar, ja nicht einmal stetig zu sein —, zeigt sich bei
Funktionen $f(z)$ einer komplexen Veränderlichen, daß aus der
Existenz einer ersten Ableitung ganz von selbst die Existenz aller
höheren Ableitungen folgt. Genauer formuliert, gilt der

SATZ. *Wenn eine Funktion $f(z)$ in einem Gebiete erklärt ist und
wenn sie dort eine Ableitung $f'(z)$ hat, so besitzt sie dort auch alle
höheren Ableitungen $f''(z), f'''(z)$....* (Unter einem Gebiete versteht
man dabei eine offene und zusammenhängende Punktmenge, d. h.
eine offene Punktmenge, bei der man je zwei ihrer Punkte durch

einen Streckenzug verbinden kann, der ganz in der Punktmenge verläuft.)

Diesen Satz können wir hier nicht beweisen. Er liegt ziemlich tief und kann erst bei weiterem Ausbau der Funktionentheorie mit Hilfe ihrer Integralrechnung bewiesen werden. Er läßt es aber verständlich erscheinen, daß man die in Gebieten differenzierbaren Funktionen mit einem besonderen Namen belegt hat:

ERKLÄRUNG. Eine in einem Gebiete differenzierbare Funktion $f(z)$ wird eine dort reguläre analytische (oder auch nur: reguläre, oder nur analytische) Funktion genannt. Das betreffende Gebiet heißt ein Regularitätsgebiet der Funktion. Von jedem einzelnen Punkte desselben sagt man, daß die Funktion in ihm regulär sei.

KONRAD KNOPP, *Elemente der Funktionentheorie*, Sammlung Göschen, 1109. Bd., 1949, S. 106/7.

Einführung der komplexen Zahlen

Das System der reellen Zahlen hatte sich in vieler Hinsicht, insbesondere bei Anwendung auf geometrische Fragen, als sehr viel leistungsfähiger erwiesen als das System der rationalen Zahlen: Das System der reellen Zahlen konnte umkehrbar eindeutig auf die Punkte oder Vektoren einer Geraden abgebildet werden und das Rechnen mit den reellen Zahlen konnte als ein Rechnen mit den Punkten oder Vektoren der Geraden gedeutet werden. Diese Auffassung drängt nun förmlich dazu, gegenüber den neuen Unmöglichkeiten den Versuch zu wagen, ein Rechnen mit den Punkten und Vektoren der Ebene zu erklären und so ein System von Elementen zu schaffen, dem die aufgedeckten Unzulänglichkeiten des Systems der reellen Zahlen nicht mehr anhaften. Ein solcher Versuch ist gleichbedeutend mit dem, ein Rechnen mit Zahlenpaaren zu erklären. Das erste geschieht in der Sprache und den Darstellungen der Geometrie, das zweite in denen der Arithmetik. Wir werden im folgenden stets beides nebeneinander benutzen, und zwar werden wir die arithmetische Fassung bei allen grundsätzlichen Begriffen und Erklärungen wegen ihrer logischen Reinheit voranstellen, während die geometrische Form durch ihre anschauliche Kraft das Verständnis und den Überblick erleichtern soll.

Wir betrachten also die Gesamtheit aller geordneten Paare aus zwei reellen Zahlen: (α, α'), $\beta, \beta' \ldots)$. Anschaulich gefaßt betrachten wir also die Gesamtheit aller Punkte oder diejenige aller Vektoren einer gemäß § 3 mit einem Koordinatenkreuz versehenen Ebene. Es wird sich zeigen, daß wir mit diesen Dingen bei geeigneten Festsetzungen über die Bedeutung von Gleichheit und Ungleichheit, Addition und Multiplikation werden rechnen können, und zwar im wesentlichen genau wie mit den reellen Zahlen. Es wird sich also zeigen, daß diese Dinge als Zahlen angesehen werden können. Vorbehaltlich dieses Nachweises wollen wir sie schon jetzt Zahlen, und zwar komplexe Zahlen nennen und mit einem kleinen lateinischen Buchstaben bezeichnen, also etwa

$$(\alpha, \alpha') = a \qquad (\beta, \beta') = b \ldots$$

setzen und wollen a, b, $\ldots$ zugleich auch als Zeichen für die Zahlenpaare (α, α'), (β, β'), $\ldots$ veranschaulichenden Punkte oder Vektoren der Ebene gebrauchen. Komplexe Zahlen sind also nichts anderes als geordnete Paare reeller Zahlen oder Punkte oder Vektoren der Ebene, für die eine Gleichheit, eine Addition und eine Multiplikation in bestimmter Weise erklärt sind. Die Ebene, in der wir uns diese Punkte und Vektoren gezeichnet denken, nennt man die Ebene der komplexen Zahlen, auch die Gaußsche Zahlenebene oder kurz die Zahlenebene.

KONRAD KNOPP, *Elemente der Funktionentheorie*, Sammlung Göschen, 1109. Bd., 1949, S. 21/23.

Über die Inkonsequenz unserer Zeitrechnung

Zu Beginn des Jahres 1950 wurde, nicht allein in der Tagespresse, sondern — zumindest implizit — auch in den Geleitworten zu wissenschaftlichen Werken und Zeitschriften, ein alter Streit erneut aufgerollt, hier in der Form der Behauptung, daß es der letzte Jahrgang der ersten Hälfte des 20. Jahrhunderts sei, dort mit der Festellung, die zweite Hälfte des Jahrhunderts habe begonnen. Derartige Ausführungen lassen erkennen, daß die Inkonsequenz, die in der heutigen bürgerlichen Zeitrechnung steckt, noch nicht in die allgemeinen Erfahrungsgrundlagen der wissenschaftlichen Autoren übergegangen ist. Wir sagten „allgemeine Erfahrungsgrundlagen"; denn die ins Auge gefaßte Tatsache ist so fest und vielfältig in allen Geisteswissenschaften und in den Gepflogenheiten des täglichen Lebens verankert, daß sie schwerlich anders denn als Erfahrungsgrundlage hingenommen werden kann; trotz allem

Widerspruch, der gegen sie wegen der darin steckenden Fehlzuordnung erhoben werden mag. Für uns handelt es sich hier darum, die Inkonsequenz als solche klar zu erkennen, um ein für allemal ein fehlerhaftes Handhaben des Maßsystems der uns überkommenen Zeitrechnung auszuschließen.

Wie alle Untersuchungen eines Systems in der Nähe des Nullwertes einer bestimmten Eigenschaft besonders aufschlußreich sind, so zeigt sich auch hier, daß eine Untersuchung des bürgerlichen Zeitmaßes in der Nähe des Nullpunktes den Aufbau des Systems besonders deutlich zu erkennen gibt. Wir wollen deshalb für die folgenden Überlegungen einen Zeitpunkt herausgreifen, der in dem viele Jahrtausende umfassenden Bereich nur wenige Sekunden vom Nullpunkt der Zählung absteht. Für einen beliebig dort angesetzten Punkt bringt untenstehende Tabelle eine Übersicht der verschiedenen zeitlichen Registrierungsmöglichkeiten, einerseits in Form der Grundzahlen der gebräuchlichen Zeiteinheiten, anderseits in Gestalt der Ordnungszahlen derselben Einheiten und vergleicht diese mit den zugeordneten Zahlenwerten der bürgerlichen Zeitrechnung.

Die Nähe des Nullpunktes des Systems läßt das Bildungsgesetz der bürgerlichen Zeitrechnung klar zutage treten. Zur Registrierung eines Zeitpunktes in Sekunden, Minuten und Stunden dienen die Grundzahlen; zur Kennzeichnung der beiden nächst höheren Zeiteinheiten — die in Verbindung mit der Jahreszahl das sogenannte Datum ausmachen — benützt man die Ordnungszahlen; die Jahre, Jahrzehnte, Jahrhunderte usw. werden in Grundzahlen registriert, wobei jedoch inkonsequenterweise zur Ordnungszahl 1 (— erstes Jahr!) nicht die Grundzahl 0, sondern die Grundzahl 1 als zugehörig angesehen wird. Diese Durchbrechung der Zuordnung erfolgt nur auf der Stelle der Einer; bei den Zehnern, Hundertern und Tausendern wird der Ordnungszahl 1 die Grundzahl 0 zugeschrieben.

F. ENDER, Experientia, VII. Bd., 1951, S. 114.

Carl Runge und die angewandte Mathematik

Runge war einer der ersten, der die Kluft sah, die sich zwischen den reinen Theoretikern und den Praktikern auftat. Sein Wunsch, in der Naturbetrachtung mit der Mathematik etwas zu erreichen, stieß auf Schritt und Tritt auf große Hemmnisse, weil nirgends eine Brücke von der allgemeinen theoretischen Erkenntnis zu den Erfordernissen des praktischen Problems führte. Deshalb hat *Runge* seine Arbeitskräfte und seine großen mathematischen Fähigkeiten der Aufgabe gewidmet, auf dem Boden der mathematischen Theorie brauchbare Mittel für die mathematische Praxis zu schaffen, immer in engster Fühlung mit den verschiedensten Anwendungsgebieten. Bei dieser Arbeit blieb aber *Runge* immer Mathematiker. Es ging ihm nicht darum, ein System von Faustregeln darzulegen, sondern er gab bei jeder von ihm gefundenen oder beschriebenen Methode eine genaue Begründung und stellte Untersuchungen an über ihre Gültigkeits- und Genauigkeitsgrenzen. Er entwickelte numerische und graphische Methoden, beschrieb die Anfertigung von Tabellen und Schemata für die rationelle Ausführung von Zahlenrechnungen und beschäftigte sich mit mathematischen Instrumenten. *Runge* knüpfte mehr als einmal an die Mathematiker des 18. Jahrhunderts an, die ja neben der reinen Theorie auch die Anwendungen gepflegt hatten. Bei einem Verfahren zur numerischen Auflösung von Differentialgleichungen, das heute seinen Namen trägt, hatte er als Vorgänger *Leonhard Euler*, der die Methode in einem sehr speziellen Fall benutzt hatte.

Außer durch seine eigenen wissenschaftlichen Arbeiten suchte er die Verbindung mit der Praxis auch dadurch herzustellen, daß er numerische und graphische Methoden, die von Praktikern an speziellen Problemen entwickelt worden waren, sammelte und untersuchte, um sie dann in Vorlesungen und Büchern unter allgemeinen Gesichtspunkten mitzuteilen.

Durch seine Tätigkeit gelang es *Runge*, die Fäden zwischen der reinen Theorie und der mathematischen Praxis wieder zu knüpfen und eine mathematische Exekutive, angewandte Mathematik genannt, zu entwickeln. Sein Vorbild hat glücklicherweise Nachahmung gefunden, und an verschiedenen Stellen sind Bestrebungen zur Pflege der angewandten Mathematik lebendig geworden. Zum Beispiel existiert an der Eidg. Techn. Hochschule in Zürich seit einigen Jahren ein Institut für angewandte Mathematik. Der Zustand der Wirklichkeitsferne in der Mathematik konnte so überwunden werden, zum Nutzen auch der reinen Theorie, die nur gedeihen kann, wenn ihr von den Anwendungen her dauernd neue Anregungen und Fragen zuströmen.

H. RAMSER, Experientia, VIII. Bd., 1952, S. 237.

L. Locher-Ernst: Differential- und Integralrechnung; eine Buchbesprechung

An Lehrbüchern der Infinitesimalrechnung bestand vor dem Kriege kein Mangel. Gegenwärtig sind wir weitgehend auf den englisch-amerikanischen Büchermarkt angewiesen. Erfreulicherweise sind in der Schweiz in der letzten Zeit eine Reihe guter Lehrbücher erschienen, deren Zahl nunmehr um ein wertvolles Lehr- und Übungsbuch zur Infinitesimalrechnung und zur analytischen Geometrie von Prof. Dr. *Locher* vermehrt wurde.

Das Werk ist aus einer Gesamtschau entstanden, die sich gegen eine zu weitgehende Zersplitterung wendet und immer wieder auf Zusammenhänge, sei es auch nur in Übungsaufgaben, hinweist. Der geschickte methodische Aufbau läßt den erfahrenen Pädagogen erkennen. Das Buch kann in eine Entwicklung eingereiht werden, die etwa durch F. F. P. Bisacre, *Praktische Infinitesimalrechnung* (1929), (übersetzt von Koenig), A. Walther, *Einführung in die mathematische Behandlung naturwissenschaftlicher Fragen* (1928) und L. Kiepert, *Grundriß der Differential- und Integralrechnung* gekennzeichnet wird. Dabei nennen wir das Buch von *Kiepert*, das zahlreiche Auflagen erlebte und von dem ein bissiger Kritiker geschrieben hat „Die Sätze nähern sich mit wachsender Auflagezahl richtigen Aussagen", nur der darin zum Ausdruck gebrachten Gesamtkonzeption wegen.

Die ersten beiden Kapitel sind den Elementen der analytischen Geometrie gewidmet. Ausführlicher als üblich werden Maßstabfragen berücksichtigt und, dem Vorgehen *M. Landolts* entsprechend, Größen und Maßzahlen säuberlich unterschieden.

Das dritte Kapitel behandelt den Funktionsbegriff, quadratische und kubische Funktionen und bringt eine erste Dosis Differential- und Integralrechnung. Anschließend werden Näherungsverfahren zur Auflösung von Gleichungen und die analytische Geometrie des Kreises entwickelt. Das Integral wird durch den Flächeninhalt definiert und daraus die ersten Sätze gewonnen. Besonders sorgfältig wird die Interpolation besprochen, wobei stets die genauen Schranken bestimmt werden; ein Problem, das meistens übergangen wird.

Im vierten Kapitel wird auf das Differenzieren der elementaren Funktionen eingegangen. Hier kommt deutlich zum Ausdruck, daß sich das Buch in erster Linie an Techniker wendet, die vor allen Dingen die Mathematik ihrer Anwendbarkeit wegen studieren. *Locher* verwendet Differentiale, ohne daß diesem Begriff etwas Mystisches anhaften würde, um dem Praktiker den Übergang zu den Anwendungen zu erleichtern. Obwohl bereits *A. Walther* diesen Weg erfolgreich beschritten hatte, glauben wir doch, daß für die Mathematiker dieser Begriff im Aufbau zweckmäßiger vermieden wird. Wie in allen modernen Lehrbüchern wird dem Mittelwertsatz eine Zentralstellung eingeräumt. Die Konvergenz der binomischen Entwicklung, ein heikles Thema für ein elementares Lehrbuch, wird ausführlich und sorgfältig mit Fehlerabschätzung dargestellt. Die Differentialrechnung von Funktionen mehrerer Veränderlichen wird bis zur Herleitung der Bedingungen für ein Extrema geführt.

B. BUCHNER, Experientia, Vol. 5, 1949, S. 50.

Konforme Abbildung

Den Verlauf einer reellen Funktion $y = f(x)$ einer reellen Veränderlichen kann man sich in bekannter Weise durch ihr geometrisches Bild in einer xy-Ebene veranschaulichen. Bei einer Funktion komplexen Argumentes $w = f(z)$ ist etwas Entsprechendes nicht ohne weiteres möglich, da z und w je zwei Koordinaten haben. Man behilft sich dadurch, daß man *zwei* Ebenen, eine z-Ebene und eine w-Ebene, benutzt. In der ersten markiert man den Punkt z, in der zweiten den ihm durch die Funktion zugeordneten Punkt $w = f(z)$. Dadurch wird jedem Punkt des Definitionsbereiches $\mathfrak{M}$ von $f(z)$ ein Bildpunkt w zugeordnet, kurz: Der Bereich $\mathfrak{M}$ wird auf die w-Ebene abgebildet. Für die linearen Funktionen ist uns diese Abbildung schon vertraut. Wir wollen jetzt für die beliebige Funktionen $w = f(z)$ feststellen, was den Eigenschaften der Stetigkeit und der Differenzierbarkeit bei der Abbildung entspricht.

Die Stetigkeit einer Funktion $w = f(z)$ an einer Stelle ζ ist sehr leicht geometrisch zu deuten. Die zweite Form der in § 33 gegebenen Erklärung besagt offenbar dies: Wenn man um den Bildpunkt $w = f(\zeta)$ des Punktes ζ einen (beliebig kleinen) Kreis mit dem Radius $\epsilon > 0$ beschreibt, so kann stets ein so kleiner Kreis (sein Radius heiße δ) um den Punkt ζ beschrieben werden, daß die Bilder aller Punkte dieses Kreises um ζ in dem gewählten Kreise um w liegen. Das Bild w liegt also in vorgeschriebener Nähe von w, wenn nur der Originalpunkt z in hinreichender Nähe von ζ

liegt. In diesem Sinne (aber auch nur in diesem) darf man kurz sagen: Benachbarte Punkte der z-Ebene werden auf benachbarte Punkte der w-Ebene abgebildet; oder: Einer kleinen Bewegung von z entspricht auch eine kleine Bewegung des Bildes w.

Hieraus folgt insbesondere: Ist $f(z)$ an jeder Stelle eines Gebietes stetig, so hat jede in ihm gelegene stetige Kurve als Bild wiederum eine stetige Kurve.

Etwas weniger einfach, aber von grundlegender Wichtigkeit ist die geometrische Deutung der Differenzierbarkeit. Wir erhalten sie auf folgende Weise: $w = f(z)$ sei in einem Kreisgebiet $\Re$ mit dem Mittelpunkt ζ erklärt und in ζ differenzierbar. Die Ableitung $f'(\zeta)$ sei von o verschieden. Wir wollen weiter voraussetzen, daß zwei verschiedene Punkte z aus $\Re$ auch zwei verschiedene Bildpunkte w liefern, und wollen die weiteren Betrachtungen auf $\Re$ beschränken. Es sei nun $\mathfrak{k}$ ein beliebiges von ζ ausgehendes (orientiertes) Kurvenstück, das in ζ eine (Halb-)Tangente $\mathfrak{t}$ besitzt. Dann zeigen wir zunächst:

Die Bildkurve $\mathfrak{k}'$ hat im Bildpunkte $w\,f(\zeta)$ auch eine Tangente $\mathfrak{t}'$, und diese erscheint gegen $\mathfrak{t}$ um den Winkel arc $f'(\zeta)$ im positiven Sinne gedreht.

Konrad Knopp, *Elemente der Funktionentheorie*, Sammlung Göschen, 1109. Bd., 1949, S. 108/9.

Das System der komplexen Zahlen und die Gaußsche Zahlenebene

Die Tatsache, daß es keine rationale Zahl gibt, deren Quadrat gleich 2 ist, daß also die quadratische Gleichung $x^2-2 = 0$ keine Lösung im System der rationalen Zahlen hat, und viele ähnliche Tatsachen haben zur Erweiterung dieses Systems zu dem der reellen Zahlen geführt. Für die praktische Anwendung war aber die genannte Unmöglichkeit nicht von großer Bedeutung, da es doch rationale Zahlen gibt, deren Quadrat wenigstens beinahe (und zwar so nahe, wie man will) gleich 2 ist. Ganz anders liegt es bei der Gleichung $x^2+2 = 0$ oder etwa $x^2-10x+40 = 0$. Hier gibt es keine reelle Zahl x, weder eine rationale noch eine irrationale, die auch nur „beinahe" der Gleichung genügt. Solche tieferen Unmöglichkeiten hat man schon früh bemerkt; aber erst *Hieronimo Cardano* hat einen ersten Schritt zu ihrer Überwindung getan. Er stößt auf die letzte der genannten Gleichungen bei der Aufgabe, die Zahl 10 so in zwei Teile zu zerlegen, daß ihr Produkt gleich 40 ist. Er löst sie nach der damals schon bekannten allgemeinen Regel und erhält die (zunächst völlig sinnlosen) Ausdrücke

$$5+\sqrt{-15} \text{ und } 5-\sqrt{-15}$$

als die beiden Lösungen. Er bemerkt aber, daß, wenn man mit diesen Ausdrücken so rechnet wie mit den gewöhnlichen reellen Zahlen, in der Tat die Summe beider = 10 und ihr Produkt = 40 ist.

Auf ähnliche Fälle ist man in der Folgezeit sehr oft gestoßen, daß man also durch „formal" richtiges Rechnen auf Ausdrücke kam, in denen Quadratwurzeln aus negativen Zahlen auftraten und die doch „formal" die Bedingungen des betreffenden Problems erfüllten. Solche Ausdrücke bezeichnete man dann als imaginäre, d. h. eingebildete oder unwirkliche Zahlen. Das berühmteste Beispiel ist die „Cardanische Formel" zur Auflösung kubischer Gleichungen, die in dem Falle, daß die Gleichung drei reelle Wurzeln besitzt, diese Wurzeln in der angedeuteten Form lieferte. Ja, es stellte sich heraus, daß das Rechnen mit diesen „sinnlosen" Ausdrücken sehr oft wertvolle „reelle" Ergebnisse liefern konnte, teils bekannte auf viel kürzerem Wege, teils neue, die man erst nachträglich auf dem üblichen reellen Wege beweisen konnte; oft auch erlaubte es, schon bekannten Ergebnissen eine befriedigendere Form zu geben. Für das letzte ist eins der schönsten Beispiele der Fundamentalsatz der Algebra, daß jede ganze rationale Funktion in ein Produkt von so viel Faktoren ersten Grades zerlegt werden kann als ihr Grad angibt. Während dieser Satz, wie schon die obige quadratische Gleichung zeigt, nicht immer richtig ist, solange man nur reelle Zahlen benutzt, wird er „formal" richtig, wenn man bei den Faktoren auch jene sinnlosen Ausdrücke zuläßt.

KONRAD KNOPP, *Elemente der Funktionentheorie*, Sammlung Göschen, 1109. Bd., 1949, S. 19/20.

ENGINEERING

Verringern des Schwindens und des Kriechens von Beton durch Härten in Dampf und Heißluft

Versuchskörper aus Beton wurden in Niederdruckdampf, Hochdruckdampf und Heißluft gehärtet und das Schwinden 400 Tage, das Kriechen 600 Tage lang beobachtet. Am günstigsten erwies sich das Härten im Hochdruckdampf und anschließend in Heißluft.

Beton ist ein poröser Körper; er wird von kapillaren Hohlräumen durchzogen, die zum größten Teil mit Wasser gefüllt sind. Bei Wasseraufnahme tritt ein Quellen auf: die Hohlräume werden größer. Umgekehrt verengen sich die Hohlräume beim Sinken des Wassergehaltes, der Beton schwindet. Je höher der Anfangswassergehalt ist, um so größer ist das Ausmaß des Schwindens. Das Kriechen, eine andere Art der Verkürzung eines Betonstabes, tritt unter einer dauernden Belastung ein, sein Ausmaß nimmt ebenfalls bei höherem Ausgangswassergehalt zu. Somit ist der Gehalt an ungebundenem Wasser sowohl für das Schwinden als auch für das Kriechen des Betons, die beide unerwünscht sind, von besonderer Bedeutung.

Zum Herstellen von Betonkörpern mit niedrigem Wassergehalt gibt es grundsätzlich zwei Möglichkeiten: 1. das Verringern des Wasserzusatzes zur Betonmasse, 2. der Wasserentzug bei oder nach dem Härten. Im ersten Fall ist die Wirkung gering, weil der Beton sogleich wieder Wasser aus der Luft aufnimmt; dies ist auch noch dann der Fall, wenn (nach normalen Wasserzusatz) dem Beton noch vor dem Härten Wasser entzogen wurde (durch Einlegen in einen luftleeren Raum). Das zweite Verfahren besteht in einer Behandlung der Betonkörper mit Dampf oder mit Heißluft. Beide Abarten wurden eigentlich zur Beschleunigung des Erhärtens entwickelt. *Balázs* und *Kilián* haben gefunden, daß der günstigste Einfluß auf das Schwinden und Kriechen durch die kombinierte Anwendung von Dampf und Heißluft erzielt wird.

In einer Versuchsreihe wurde mit Hochdampfdruck (rd. 8 atü), in einer weiteren mit Niederdruckdampf (von atmosphärischem Druck) gearbeitet. Die Ergebnisse sind in Tafel 1 und 2 zusammengestellt, die auch Angaben über die jeweilige Zusammensetzung des Betons enthalten. Die Zuschläge waren stets die gleichen. Die Versuchskörper wurden nach dem Härten bei 70% rel. Luftfeuchtigkeit gelagert. Die Versuche dauerten jeweils 400 Tage. Es zeigte sich, daß der stationäre Zustand nach 100 Tagen stets erreicht war. Eine nach dieser Zeit allenfalls noch festgestellte Zunahme des Schwindens lag unterhalb des Einflußbereiches der Streuung (Größenordnung 0,02 mm/m) und der Meßgenauigkeit (0,01 mm/m)

TAFEL 1. *Beeinflussung des Schwindens von Beton* durch Behandeln mit Hochdruckdampf und Heißluft*

Behandlungsart†	Wasserentzug %	Druckfestigkeit kg/cm^2	Schwinden nach 400 Tagen mm/m
o	o	—	0,25
a	46 bis 47	576	0,03
b	65 bis 68	697	−0,06
c	55 bis 65	646	−0,07

† Es bedeuten: o unbehandelt; a 8 h in Dampf von 176° C, rd. 8 atü; b 8 h in Dampf von 176° C, rd. 8 atü, 24 h in Luft von 85° C; c 3 h in Dampf von 176° C, rd. 8 atü, 96 h in Luft von 85° C.

* Zement „B", Zementgehalt 450 kg/m³, Wasser-Zement-Faktor 0,4:1.

TAFEL 2. *Beeinflussung des Schwindens von Beton* durch Behandeln mit Dampf von atmosphärischem Druck und Heißluft*

Behandlungsart†	Wasserentzug %	Schwinden nach 400 Tagen mm/m
o	o	0,37
a	24	0,08
b	32	0,00 bis 0,05
c	43	−0,15 Wachsen
d	46	−0,18 des Bodens

† Es bedeuten: o unbehandelt; a 5 h Anheizen, 19 h in Dampf von 85° C; b wie bei a, 4 h in Luft von 85° C; ca wie bei a, 22 h in Luft von 85° C; d wie bei a, 69 h in Luft von 85° C.

* Zement „L", Zementgehalt 450 kg/m³. Wasser-Zement-Faktor 0,5:1. G. BALÁZS u. J. KILIÁN: Erhebliche Verringerung des Schwindens u. des Kriechens von Betonelementen. *Wissenschaft. Mitt. der Techn. Hochschule für Bauwesen in Budapest*, 1 (1955), Nr. 3, S.65/76. Aus einer Bearbeitung von F. BEÉR, *VDI-Z*, Bd. 98 (1956), Nr. 20, S. 1062.

Einfluß der Form und der Umströmung von Kraftfahrzeugen auf Widerstand, Bodenhaftung und Fahrtrichtungshaltung

Infolge der Umströmung des Fahrzeugaufbaues treten am Kraftfahrzeug außer den Bodenkräften auch Luftkräfte und ihnen entsprechende Momente auf. Während die Bodenkräfte durch das Fahrzeuggewicht, die Antriebsleistung, den Rollwiderstand und die Schwerpunktlage bedingt sind, ergeben sich die Luftkräfte aus der Fahrgeschwindigkeit, der Karosserieform und der Anströmrichtung. Den Luftkräften und ihren Momenten wird durch entsprechende Reaktionskräfte und Reaktionsmomente in der Radaufstandsfläche das Gleichgewicht gehalten. Die Größe und Richtung sowie der Angriffspunkt der aus der Umströmung resultierenden Kräfte lassen sich an Hand von Windkanalversuchen ermitteln und nach den üblichen Verfahren der Aerodynamik in Kennwerten ausdrücken.

Im Gegensatz zum Flugzeug, bei dem alle Konstruktionsmerkmale den Forderungen der Aerodynamik untergeordnet werden müssen, stehen beim Kraftfahrzeug eine Anzahl von einzuhaltenden Forderungen dem Wunsche nach einer strömungsgünstigen Form entgegen. Es sei auf das Streben nach einem möglichst großen Fahrgastraum, einem bequemen Einstieg, einem großen und leicht zugänglichen Kofferraum, einer guten Sicht nach allen Seiten sowie einer zweckmäßigen Anordnung des Motors und der Achsen am Fahrgestell hingewiesen. Diese Forderungen sind bei kleinen Fahrgeschwindigkeiten ohne weiteres zu erfüllen und wurden, wie es die alten Bauformen zeigen, auch technisch befriedigend gelöst. Soll dagegen eine hohe Fahrgeschwindigkeit ohne eine wesentliche Steigerung der Motorleistung erreicht werden, so muß man — da der Luftwiderstand mit dem Quadrat der Geschwindigkeit wächst — strömungsgünstige Karosserieformen entwickeln.

Nachfolgend wird insbesondere der Personenkraftwagen behandelt, da bei ihm, im Gegensatz zu den Nutzfahrzeugen, die Luftkräfte im Zusammenhang mit den erreichbaren Fahrgeschwindigkeiten eine wesentliche Rolle spielen und auch hinsichtlich des Fahrkomforts eine bestimmte Bedeutung haben.

Eine gute Vergleichsmöglichkeit über die Entwicklung der Fahrzeuge gibt die chronologische Zusammenstellung verschiedener Karosserieformen und ihrer Luftwiderstandsbeiwerte c_w in Tafel 1. Der Vollständigkeit halber sind auch die Sonderbauarten und die aerodynamisch günstigen Formen mit den am Modell gemessenen Werten aufgeführt.

Dabei fällt zunächst die Entwicklung von der alten Kutschform zur sog. Stromlinienform in den Jahren 1930 bis 1938 und dann in den Nachkriegsjahren der Übergang zur Pontonform auf. Es ist besonders zu beachten, daß die Stromlinienform trotz des günstigen Luftwiderstandes in den Hintergrund getreten ist und heute die als Zweckform zu bezeichende Pontonform (mit Stufenheck) große Verbreitung gefunden hat. Ohne Zweifel kommt gerade die Pontonform dem Wunsche nach einem leicht zugänglichen, geräumigen Kofferraum, nach guter Sicht und einem großen Innenraum weitgehend entgegen.

R. Barth, *VDI-Z*, Bd. 98 (1956), Nr. 22, S. 1265/6.

Lotrecht startende Flugzeuge — der Coleopter, eine Optimallösung

Die Zusammenhänge zwischen den Transportkosten, den verkehrstechnischen Vorteilen und der Güte eines Luftfahrzeugs werden wesentlich von den Start- und Landebedingungen beeinflußt. Fortschritte bringt hier die Unabhängigkeit von Startbahnen, die man durch verschiedene Mittel und Verfahren anstrebt. Eine Optimallösung in dieser Hinsicht ist der Coleopter, d. h. ein in Frankreich entwickeltes Ringflügel-Flugzeug, dessen Konstruktionsmerkmale sowie technische und wirtschaftliche Daten erst im Jahre 1954 bekannt gegeben wurden.

Die ersten 50 Jahre Motorflug führten vom einfachen Fluggerät, mit dem Sprünge über einige Meter möglich waren, zum heutigen, alle Bequemlichkeiten bietenden Flugzeug, mit dem planmäßig Länder und Ozeane überquert werden. Dieser gewaltige technische Fortschritt innerhalb einer kurzen Zeitspanne ist durch die Entwicklungsziele „schneller, höher und weiter" gekennzeichnet. In der zivilen Luftfahrt wird dieser Fortschritt nach Güte und Wirtschaftlichkeit gewertet.

Die Güte eines Luftfahrzeugs wird durch den Aufwand und Transportkosten und durch die verkehrstechnischen Vorteile bestimmt. Es bedarf noch außerordentlicher Verbesserungen der Güte, wenn das Luftfahrzeug ein billiges Verkehrsmittel für den allgemeinen Gebrauch werden soll. Ein möglichst kleiner Aufwand an Transportkosten, bezogen auf die Transportarbeit bedingt: 1. ein Minimum an unmittelbaren Einsatzkosten, 2. ein Minimum an mittelbaren Kosten des Flugbetriebes und 3. eine maximale Ausnutzung der Zuladungsmöglichkeit. Größte verkehrstechnische Vorteile entstehen bei: 1. einem Minimum an Gesamt-

Transportzeit von „Haus zu Haus", 2. einem Maximum an Annehmlichkeit und Bequemlichkeit (auf die Flugzeit abgestimmt, Vermeiden von Umsteigen) und 3. einer maximalen Verkehrsdichte und Regelmäßigkeit.

Die Güte des Luftfahrzeugs hängt weiterhin sehr von den Start- und Landebedingungen ab. Genügten anfangs Feldplätze mit Grasnarbe, so bedingen die zunehmenden Werte der Fluggeschwindigkeit und der Flächenbelastung immer größere und gut ausgebaute Start- und Landebahnen, deren Länge heute bei 3000 m liegt. Da man diese in mehreren Richtungen anordnen muß, ist der Flächenbedarf der Flughäfen groß. Dies bedingt hohe Kosten für das Erstellen und den Unterhalt der Häfen und damit höhere Transportkosten. Gleichzeitig tritt ein verkehrstechnischer Nachteil auf, weil die Flughäfen nur in kleiner Anzahl und in größeren Entfernungen von Stadtzentren angelegt werden können; ein Zubringerdienst ist nötig. So werden z. B. für eine Reise von Duisburg nach Paris günstigenfalls 200 min gebraucht, doch nur 65 min der Gesamtzeit entfallen auf den Flug Düsseldorf–Orly. Für die 410 km lange Strecke von „Haus zu Haus" ergibt sich eine Durchschnitts-Reisegeschwindigkeit von 120 km/h, während das Flugzeug, z.B. ein „Viscount", rd. 500 km/h zurücklegt.

H. HERTEL: Senkrecht startende Flugzeuge. Der Coleopter, eine Optimallösung. *Luftfahrttechnik* 1 (1955), Nr. 6, S. 98/108. Aus einer Bearbeitung von J. LINKE, *VDI–Z*, Bd. 98 (1956), Nr. 19, S. 1011.

Allgemeine Ratschläge

Beim Ankauf von Maschinen empfiehlt es sich, von vornherein genaue Garantien hinsichtlich Leistung, Verbrauch usw. zu verlangen und diese vertraglich festzulegen. Hierbei kann mit dem Lieferanten die Vereinbarung getroffen werden, daß vor der endgültigen Übernahme der Maschinen eine Abnahmeprüfung auf Grund der bestehenden Normen, und zwar von unparteiischer, sachverständiger Seite, stattzufinden hat. Werden hierbei die gegebenen Garantien nicht erreicht, so ist dem Lieferanten eine gemessene Frist zur Beseitigung der Mängel zu gewähren. Vermag der Lieferant die Garantien auch dann noch nicht nachzuweisen, so kann ein entsprechender, vorher vereinbarter Abzug vom Kaufpreis gemacht oder allenfalls die Maschine zur Verfügung des Lieferanten gestellt werden.

Zu unterscheiden ist zwischen der wirtschaftlichen Garantie und derjenigen, die sich auf das Unbrauchbar- oder Schadhaftwerden einzelner Teile infolge ungeeigneten Materials, fehlerhafter Konstruktion oder mangelhafter Ausführung bezieht und in der Regel auf die Dauer eines Jahres übernommen wird. Da die Leistung und der Verbrauch sofort nach Inbetriebnahme der Maschinen nachgewiesen werden können, so halten sich die Lieferanten meist nur dann an ihre diesbezüglichen Garantien gebunden, wenn die Abnahmeprüfung sofort vorgenommen wird. Ist dies aus irgendwelchen Gründen nicht möglich, oder wünscht man vorher einen längeren Probebetrieb, währenddessen sich die Maschine einläuft und allenfallsige Mängel erkennen läßt, so vereinbare man zweckmäßig mit dem Lieferanten eine bestimmte Frist, innerhalb welcher die Abnahmeprüfung stattfinden kann. Insbesondere bei Anlagen, die unter den Begriff „Kaufvertrages" fallen, ist dies im Interesse der Käufer dringend zu empfehlen. Wo es sich hingegen um einen „Werkvertrag" handelt, ist dies zwar nicht unbedingt erforderlich, jedoch auch hier zu empfehlen.

FRIEDRICH BARTH, *Die zweckmäßigste Betriebskraft,*
Sammlung Göschen, Bd. 474, 1922, S. 112.

Zylinderblöcke am laufenden Band

Vor gut einem halben Jahr wurde bei Opel in Rüsselsheim eine Maschinenanlage eingerichtet, bei der Zylinderblöcke — im Gegensatz zu den bisherigen Bearbeitungsverfahren — durch die einzelnen Maschinen hindurchwandern und automatisch bearbeitet werden. Die Maschinen sind zu über 50% von deutschen Firmen gebaut. Diese „Transferstraße" ist in ihrer Größe die erste in Deutschland und gibt vielleicht den Anstoß zur Errichtung weiterer, ähnlicher Anlagen.

Um den Fortschritt, den die Transferstraße darstellt, richtig beurteilen zu können, muß man sich einmal die bisherige Arbeitsweise ins Gedächtnis rufen. Die Zylinderblöcke wanderten auf einem Rollen-Transportband an den Maschinen vorbei, mußten in jede Maschine eingehoben (der 4-Zylinderblock wiegt roh ca. 48 kg) und dort eingespannt werden. Fast für jeden Arbeitsgang war eine besondere Maschine vorgesehen, die von einem Mann bedient wurde. Nach der Bearbeitung mußte der Arbeiter den

Block wieder aus der Maschine heben und auf das Rollenband zurücksetzen, auf dem er zur nächsten Maschine geschoben wurde. Die Anzahl der Bearbeitungsvorgänge war dieselbe wie heute.

Anders bei der neuen automatischen Maschinenstraße. Mit einem Luftheber setzt ein Arbeiter Zylinderblock um Zylinderblock auf die Rollbahn zur Ladestation der ersten Transfermaschine, die die Blöcke „verschluckt". Der Arbeiter, der diese Maschine bedient, hat nichts weiter zu tun, als die entsprechenden Knöpfe auf dem Schaltbrett zu drücken und darauf zu achten, daß der Arbeitsvorgang störungsfrei abläuft. Das Einspannen der Blöcke, das Wenden und Drehen, die Bearbeitung selbst, sogar das Entfernen der Späne, und schließlich der Weitertransport zur nächsten Maschine gehen vollautomatisch vor sich. Hier werden Löcher gebohrt, dort Gewinde geschnitten, auf der nächsten Station Anschlußflächen gefräst und in einer anderen Maschine die Zylinderbohrungen gehont. Auch eine automatische Waschmaschine liegt auf dem Wege der Blöcke, die dort mit heißem Sodawasser, dem ein Rostschutzmittel beigefügt ist, behandelt werden. Ein anschließender Heißluftstrom trocknet die Zylinder wieder.

Die Umschau, 3. Heft, 1955, S. 82.

W. Holm, Wege zum Fernsehen; eine Buchbesprechung

Zwar besteht eine ausgedehnte Literatur über die Fernsehtechnik, doch wendet sich diese fast ausschließlich an den Fachmann der Radio-, bzw. Fernmeldetechnik, der sich mit Schaltungsdetails, Berechnungen, Fehlererhebung usw. vertraut machen möchte. Das vorliegende Buch bietet nun nicht nur dem Radiotechniker eine ausgezeichnete Einführung in das Gebiet des Fernsehens (Sendung und Empfang), sondern ermöglicht auch dem interessierten Nichtfachmann, sich zu orientieren. Demzufolge mußten manche Kompromisse geschlossen werden (z. B. wurde bei Erläuterung der Fernwirkung auf S. 183 ff. nur die magnetische Komponente des elektromagnetischen Feldes behandelt, womit die Wirkungsweise einer MW-Antenne gewiss nicht erfaßt ist); hie und da geht der Verfasser doch so weit, Grundlagen zu erläutern, z. B. S. 151 „Wirkungsweise der Elektronenröhre" (es wird hier die Triode kurz betrachtet) oder S. 171 „Prinzip des Transformators".

Wer sich in der Radiotechnik auskennt, wird das Buch als Einführung in die TV-Technik mit Gewinn durcharbeiten und es schätzen, daß darin manches Wertvolle gesammelt ist, das man oft vergeblich suchte, wie die Beschreibungen der Bildfängerröhren (Dissector, Ikonoskop, Super-Ikonoskop, Orthicon, Image-Orthicon, Vidicon). Ebenfalls werden Aufbau und Arbeitsweise der heutigen Bildröhren, deren Speisung, Fokussierung, Strahlablenkung, die Ionenfälle, der Fluoreszenzschirm usw. erläutert. Man „erlebt" auch, wie eine Bildzerlegung, die Gewinnung des Bildsignals und dann die Wiederzusammensetzung zum Leuchtschirmbild erfolgt, unter Einbezug der bei drahtloser Übermittlung nötigen Synchronisiermaßnahmen. Des weitern werden die Einheiten des gegenwärtigen Empfängers und deren Wirkungsweise skizziert, allerdings unter Weglassung jeglicher Mathematik. Ein Blockschema erlaubt, sich den Aufbau eines heutigen Empfangsgerätes konventioneller Bauart zu vergegenwärtigen. Anderseits ist ein Gesamtschaltbild nicht enthalten, bzw. diskutiert.

Die gezeigte Technik entspricht der europäisch-kontinentalen Bauweise; die Abweichungen z. B. der nordamerikanischen Technik (600-mA-Heizkreise für 110-V-Netze u. a.) werden nicht erwähnt. Dank dem Schlagwortregister ist das in fließend lesbarem Deutsch verfaßte und mit Sorgfalt ausgearbeitete Buch auch als Nachschlagewerk gut geeignet.

G. LOHRMANN, *Bulletin des Schweizerischen Elektrotechnischen Vereins*, No. 5, 1956, S. 186.

Ölförderung und Erwärmung bei Ringschmierlagern

Das Ringschmierlager ist eine heute noch häufig verwendete Lagerbauart, die sich auch für Wellen mit großer Drehzahl eignet. Der Beharrungszustand im Lager hängt von seinen hydrodynamischen und thermischen Eigenschaften ab. Eine eingehende Untersuchung über den Ölfördervorgang in Versuchslagern und über ihr thermisches Verhalten zeigt den Zusammenhang zwischen den verschiedenen Einflußgrößen auf und ermöglicht die Auswahl optimaler Arbeitsbedingungen bzw. der zweckmäßigen Ringabmessungen.

Ringschmierlager weisen gegenüber druckölgeschmierten Lagern manche Vorteile auf; sie sind bei kleinem Ölverbrauch einfach, zuverlässig und unabhängig von einer Ölpumpe, billig in der Herstellung und in der Instandhaltung sowie auch etwas günstiger hinsichtlich des Kraftverbrauchs. Bei richtigem Entwurf eignet sich die Ringschmierung auch für mit hoher Drehzahl umlaufende Wellen.

Eine hydrodynamische Schmierung bei genügend dickem Schmierfilm und der Ausgleich des Ölverlustes an den Lagerenden erfordern eine ausreichende Ölzufuhr auf der Eintrittsseite des Lagers. Die Flüssigkeitsreibung führt zu einer Temperaturerhöhung des Ölfilms und damit auch des Lagers. Während beim druckölgeschmierten Lager das Schmiermittel auch als Kühlmittel dient, kann bei Ringschmierlagern nur das Lagergehäuse die Wärme abführen.

Das Lager arbeitet betriebssicher, wenn im thermischen Gleichgewicht zwischen der erzeugten Reibungswärme und der Wärmeabfuhr durch das Gehäuse die Viskositätsverminderung des Schmiermittels nicht so weit geht, daß eine Grenzschichtschmierung (Mischreibung) eintritt. Ein sich ständig vergrößernder Reibungsbeiwert würde zu erhöhter Wärmeerzeugung mit weiterer Temperatursteigerung und schließlich zum Versagen führen. Die thermische und die hydrodynamische Charakteristik von Ringschmierlagern sind daher eng verbunden.

Versuche über die Ölförderung wurden an einem Aufnehmer vorgenommen, der das Lager nachahmte, und in dem sich das Öl sammelte. Sie erstreckten sich über Wellendurchmesser $d_1 = 75$ bis 125 mm, Wellendrehzahlen $n = 30$ bis 2000 U/min, verschiedene Bauarten, Abmessungen und Eintauchtiefen der Schmierringe und Öltemperaturen von 14 bis 55° C bei Verwendung von leichtem und mittlerem Maschinenöl. Bei besonderen Versuchsreihen mit konstanten Abmessungen ($d_1 = 100$ mm) betrugen der innere Ringdurchmesser $d_2 = 160$ mm, die Ringbreite $b = 15$ mm und die Ringdicke $s = 5$ mm. Die Schmierringe enthielten z. T. Nuten; ein Ring hatte eine große, entweder gegen die Welle oder nach außen gerichtete Ausnehmung (U-Querschnitt, Hohlring).

N. Özdas u. H. Ford: Oil transfer and cooling in ring-oiling bearings. *Engng.* Bd. 180 (1955) S. 268/71 und 570/73. Aus einer Bearbeitung von K. Trutnovsky, *VDI-Z*, Bd. 98 (1956), Nr. 18, S. 981/83.

Weil vielen Ingenieuren das Festigkeitsverhalten der Lötverbindungen und die metallkundlichen Vorgänge beim Löten nur unzureichend bekannt sind, wird das Löten oft als Stiefkind der Technik angesehen und zu den rein handwerklichen Verfahren gerechnet. Eine zusammenfassende Behandlung aller Fragen zeigt, daß diese Auffassung nicht mehr zu Recht besteht.

In Besprechungen über die Normung von Begriffsbestimmungen wurde vorgeschlagen, das Löten wie folgt zu definieren: „Löten und Schmelzschweißen sind Verfahren zum thermischen Verbinden oder Ergänzen metallischer Werkstücke. Im Gegensatz zum Schmelzschweißen werden beim Löten die Verbindungen oder Ergänzungen durch metallische Zulegestoffe bei Arbeitstemperaturen unterhalb der Schmelzpunkte der zu verbindenden oder zu ergänzenden Werkstücke hergestellt. Unter Arbeitstemperatur wird die Temperatur verstanden, die das Werkstück an der Lötstelle mindestens erreicht haben muß, damit das Lot binden und gleichzeitig fließen bzw. verlaufen kann."

Ferner unterscheidet man zwischen Spalt- und Fugenlöten, beim Spaltlöten außerdem zwischen Hart- und Weichlöten. Beim Spaltlöten bilden die zu verbindenden Werkstücke parallelwandige Spalten, deren Breite 0,5 mm meist nicht überschreitet. Das geschmolzene Lot wird durch Kapillarkräfte in den auf Arbeitstemperatur gebrachten Spalt eingesaugt und benetzt dessen Flächen vollständig. Für das Hartlöten verwendet man Lote mit Schmelztemperaturen oberhalb 450° C, für das Weichlöten solche mit Schmelztemperaturen unterhalb 450° C.

Beim Fugenlöten (Schweißlöten) arbeitet man die Lötenstelle wie beim Schweißen V-förmig ab. Das hierfür verwendete Lot hat eine Schmelztemperatur oberhalb 450° C und darf zähflüssiger sein als beim Spaltlöten. Der Verbrauch an Lot ist infolge des weiteren Spaltes je nach der Dicke des Grundwerkstoffs erheblich größer als beim Spaltlöten.

J. Colbus: Grundsätzliche Fragen zum Löten und zu den Lötverbindungen. *Konstruktion* 7 (1955), S. 419/30. Aus einer Bearbeitung von H. Krause-Dietering, *VDI–Z*, Bd. 98 (1956), Nr. 20, S. 1051.

Elektronische Apparatur für die Dauerüberwachung von Turbinen

Turbinen sind sehr kostspielige Maschinen, die unter außergewöhnlich schweren physikalischen Bedingungen arbeiten und bei denen nur äußerst kleine Zwischenräume zwischen den umlaufenden und den stillstehenden Teilen zugelassen werden dürfen. Durch ständiges Überwachen bestimmter Größen mit Hilfe einer Einrichtung, die meldet, sobald eine von diesen einen bestimmten Wert überschreitet, kann großer Schaden verhindert werden. Zu diesen Überwachungsgrößen gehört in erster Linie die Schwingungsamplitude der Gleit- und der Drucklager. Eine Messung dieser Amplitude gibt Aufschluß über die im umlaufenden System vorhandene Unwucht, über die Größe des Spiels in den Lagern sowie über die Gefahr des „Anlaufens" von Teilen. Das rechtzeitige Erkennen zu großer Amplituden ist von größter Wichtigkeit. Für eine Drehzahl von 3000 U/min gilt eine Amplitude von $10\,\mu$ als sehr gut; bei einer Amplitude von $45\,\mu$ ist Abhilfe dringend erwünscht, und bei $80\,\mu$ muß die Maschine stillgesetzt werden.

Eine zweite wichtige Größe ist die relative Längenänderung der Welle gegenüber dem Gehäuse. Ändert sich der Dampfdruck während des Betriebs und damit auch der Wärmedurchsatz durch die Turbine, so ändern der Läufer und das Gehäuse ihre Temperaturen und erfahren wegen der verschiedenen Wärmekapazitäten und Wärmeausdehnungs-Koeffizienten ungleiche Längenänderungen. Das führt aber u. U. zu einer Verkleinerung der Zwischenräume zwischen den Leit- und den Laufschaufeln und zu einem gefährlichen Anlaufen.

Außerdem muß noch die absolute Längenänderung des Gehäuses gemessen werden, da sich bei Temperaturen um 500° C und einer Gehäuselänge von 2 bis 3 m bereits Dehnungen von 10 bis 50 mm ergeben.

Als vierte zu messende Größe kommt die Exzentrizität der Welle in Frage, die besonders beim Inbetriebnehmen bzw. beim Abstellen der Maschine durch ungleichmäßiges Erwärmen auftritt und sich in einer zu großen Wellendurchbiegung äußert.

C. v. BASEL, H. J. LINDENHOVIUS u. G. W. VAN SANTEN: Elektronische Apparatur für die Dauerüberwachung von Turbinen. *Philips techn. Rdsch.* 17 (1955), S. 162/69. Aus einer Bearbeitung von W. SEIFERT, *VDI–Z*, Bd. 98 (1956), Nr. 20, S. 1063.

Der Schlackenauslauf bei Schmelzkammerfeuerungen

Schmelzkammerfeuerungen mit Schmelzbad werden in der Tschechoslowakei mit seitlichen, schräggestellten Auslauföffnungen ausgerüstet. Diese Anordnung erfüllt die meisten an eine betriebssichere Auslauföffnung gestellten Forderungen.

Bei vielen tschechoslowakischen Schmelzfeuerungen ist der Schmelzboden als waagerechtliegende Schmelzwanne ausgebildet; dadurch unterscheiden sie sich wesentlich von den meisten deutschen Bauarten. Während des Betriebes bleibt die Schlackenwanne, die mittels waagerechter, in den Wasserumlauf eingeschalteter Rohre gekühlt wird, mit einem 50 bis 100 mm tiefen Schlackenbad gefüllt. Eisenausscheidungen in der Schlacke durch Reduktion kommen kaum in Frage, da die Aschen der dort verfeuerten Stein- und Braunkohlen sauer sind; außerdem kann man durch eine entsprechende Zweitluftzuführung über dem Schmelzbadspiegel einen oxydierenden Luftschleier bilden, in dem auch größere Koksteilchen rasch verbrennen. Die fremdgekühlte Schlackenauslauf-Öffnung befindet sich in der Mitte der Schmelzwanne. Die Schlacke fließt über den oberen Rand eines Schlackendammes aus, der die Tiefe des Schlackenbades (Schutz der Kühlrohre des Schlackenbodens gegen zu große Wärmeeinstrahlung) bestimmt. Diese Anordnung verursacht häufig Störungen.

Eine gute Auslauföffnung soll folgende Forderungen erfüllen:

1. Ein rascher Durchfluß der Schlacke durch die Öffnung soll verhindern, daß sich die Granulierbarkeit durch Abkühlen verschlechtert.

2. Eine gute Ablösung der Schlacke von der Überlaufkante führt zu einem einwandfreien Abfluß.

3. Ein genügend hoher Schlackendamm vor der Öffnung muß soviel Schlacke in der Schlackenwanne anstauen, daß die unverkleideten Kühlrohre geschützt sind. Bei größerem Schlackenanfall soll er ein Überlasten der Granulieranlage verhindern. Durch Erniedrigen des Schlackendammes an einer Stelle seines Umfanges erreicht man ein Überlaufen der Schlacke in einem einzigen Strahl.

4. Die Auslauföffnung soll so groß sein, daß ein Bearbeiten mit Stochwerkzeugen und ein Beobachten des Schlackenspiegels

während des Betriebes möglich ist; man muß den Kessel im kalten Zustand durch sie befahren können.

Die Lage der Auslauföffnung in der Schmelzbadmitte bietet den Vorteil, daß hier die Schlacke den besten Flüssigkeitsgrad hat; die heißeste Flamme liegt über der Mitte der Schmelzwanne, die strahlungsundurchlässige Flammenschicht zwischen der Mittelachse und den Kühlwänden verhindert ein Abstrahlen, und die von den Schmelzraumwänden herabfließende Schlacke ist auf ihrem Weg zum Auslauf lange Zeit der Flammenstrahlung ausgesetzt.

R. DOLEŽAL: Der Schlackenauslauf bei Schmelzkammerfeuerungen. *Mitt. Ver. Großkesselbes.*, Nr. 40 (1956), S. 40/43. Aus einer Bearbeitung von K. PAWLIK, *VDI–Z*, Bd. 98 (1956), Nr. 19, S. 1017.

BACTERIOLOGY
Bakterien

Bakterien traten in ihrer jetzigen Form schon früh im Laufe der Erdgeschichte auf. Sie setzen sich aus Eiweißen, Fetten, Kohlehydraten, Vitaminen, Enzymen usw. zusammen, die in erstaunlicher Weise den entsprechenden chemischen Strukturen der höchstentwickelten gegenwärtigen biologischen Formen gleichen. Offenbar hat also während eines langen Zeitraumes die Evolution lediglich im Einbau der gleichen, vor diesem Zeitraum entstandenen biochemischen Verbindungen in ständig höher entwickelte physische Strukturen bestanden, ohne daß dabei der Grundcharakter der chemischen Bausteine erheblich verändert wurde. Es muß daher eine frühere Entwicklungsperiode angenommen werden, in der diese verwickelte, schon in den Bakterien vorliegende Biochemie gebildet wurde. Dies scheint umso berechtigter, als biochemische Veränderungen dieser Art an den Grundbausteinen des Belebten jetzt nicht mehr vor sich gehen.

Ein Teil der Antwort auf die Frage nach der Ursache dieser frühen Evolutionsperiode liegt möglicherweise in den Folgeerscheinungen des Wechsels der Stärke kosmischer Strahlung, welcher seit der Entstehung der Bakterien vor sich ging. Zu diesen Folgeerscheinungen gehört vor allem eine Änderung der Häufigkeit natürlich vorkommender radioaktiver Isotope, welche in früheren Erdzeitaltern sehr viel höher gewesen sein dürfte. Ferner muß vermutet werden, daß der Zerfall eines radioaktiven Atoms, das einer lebenden biochemischen Struktur angehört, genetische Bedeutung besitzt, welche über diejenige der dabei auftretenden Strahlung hinausgeht.

Diese letztere Vermutung läßt sich experimentell dadurch stützen, daß die für frühere Erdzeitalter angenommenen Bedingungen mit Hilfe künstlich radioaktiver Isotope nachgeahmt werden. Befindet sich eine wachsende und sich vermehrende Zelle in einem Kulturmedium gleichbleibender Radioaktivität, dann setzt sich nach Aufnahme radioaktiver Atome durch die Zelle die Bestrahlungsdosis, welche die Zelle trifft, aus der Bestrahlung durch das Kulturmedium und derjenigen zusammen, die durch den radioaktiven Zerfall innerhalb der Zelle entsteht. Eine einfache Überlegung zeigt, daß bei gleichbleibender Aktivität, aber abnehmender Zellgröße, der Anteil der Eigenbestrahlung an der Gesamtstrahlung, welche auf die Zelle einwirkt, ebenfalls kleiner wird. Bei gleicher Konzentration des radioaktiven Phosphors innerhalb der Zelle und im umgebenden Medium gilt beispielsweise für Zellen von Bakteriengröße, daß nur etwa 0,01% der das Bakterium treffenden Strahlung durch Eigenbestrahlung erzeugt wird.

F. KAUDEWITZ, 'Spätwirkungen radioaktiven Phosphors nach Einbau in lebende Zellen', *Die Umschau*, 9. Heft, 54. Jahrg., S. 264.

Bakterien

Viele Bakterien haben als Bewegungsorgane Geißeln, die wahrscheinlich vom Protoplasma aus durch die Zellmembran ragen. Sie sind dünn, biegsam, oft viel länger als die Zelle, korkzieherförmig und entweder allseitig gestellt (peritrich) oder auf die zwei Enden beschränkt (bipolar) oder auf ein Ende (monopolar), in den letzten Fällen entweder als Einzelgeißel oder, wie stets bei den Spirillen, zu vielen zum Geißelbüschel zusammengedreht. Durch Rotation der Geißeln wird der Bakterium-Körper ebenfalls in Rotation versetzt (in entgegengesetztem Sinn wie die Geißeln) und hierdurch fortbewegt. Die beweglichen Bakterien sind imstande, Nahrungsquellen aufzusuchen oder schädliche Stoffe zu meiden. Die Schnelligkeit beträgt bis zu 6 cm in der Minute. Viele Bakterien können innerhalb der Zelle Endosporen bilden; das Protoplasma verdichtet sich und umgrenzt sich mit einer derben Membran. Bei der Sporenbildung kann die Sporenmutterzelle anschwellen: spindelförmig (*Klostridium*-Form oder trommelschlegelförmig (*Plektridium*-Form). Eine andere Sporenform sind die Arthrosporen, Ruhe- und Dauerstadien, die durch Umbildung, besonders Membranverstärkung einer ganzen Bakterium-Zelle entstehen. Die Endosporen sind sehr widerstandsfähig gegenüber äußeren Einflüssen. In geeigneter Umgebung keimen sie, indem sie aufreißen und der von der inneren Membranschicht umgebene Inhalt als Keimstäbchen heraustritt, wohl auch beweglich wird, heranwächst und sich weiter teilt. Die Stäbchen und Spirillen teilen sich stets nur in einer Richtung des Raumes, quer zur Längsachse. Nach dieser Teilungsart wurden die Bakterien Spaltpilze (*Schizomyzeten*) genannt. Die Kokken zeigen Teilung entweder auch nur quer zur Längsachse, wodurch perlschnurartige Gebilde enstehen (*Streptococcus*), oder nach zwei Richtungen des Raumes, wodurch Täfelchen entstehen (*Merismopedium*), oder nach allen drei Richtungen des Raumes, die bei regelmäßiger Teilung paketförmige Gebilde liefert (*Sarzina*), bei unregelmäßiger Teilung traubenförmige (*Staphylococcus*).

Grundsätzlich teilt man die Bakterien nach der äußeren Form ein, ferner danach, ob sie Endosporen bilden oder nicht, sodann nach dem Besitz von Geißeln und von Farbstoff, nach der Gram- und Säurefestigkeit, nach dem Verhalten zum Sauerstoff und schließlich nach der Fähigkeit, Gelatinenährböden zu verflüssigen und nach dem Temperaturbedürfnis. Man ordnet sie dem Pflanzenreich zu, hauptsächlich wegen ihrer Ernährungsweise, doch ist es ungewiss, ob sie primitive oder zurückgebildete Formen sind.

Aus DER GROSSE BROCKHAUS, Stichwort 'Bakterien', Band I, 1952, mit Genehmigung des Verlages F. A. Brockhaus, Wiesbaden.

Hautbakterien und Händewaschen

Als ständige Bewohner der menschlichen Haut finden sich apathogene (nicht krankheitserregende) Staphylokokken und Streptokokken und Streptokokkenarten, Sarzinen, Heubazillen u. a. Weiterhin liegen Verunreinigungen mit Colibazillen und anaeroben Keimen vor, seltener eitererregende Streptokokken und Staphylokokken. Es entspricht den Forderungen der Hygiene, die normalen Bakterienflora zu erhalten und die Colibazillen und Eitererreger zu entfernen oder unschädlich zu machen.

Bei normalen Versuchspersonen wurde die Besiedlung der Haut

vor und nach „üblichem" und „gründlichem" Händewaschen mit Kernseife untersucht. Die normale Bakterienflora wurde dadurch nach Zahl und Zusammensetzung nicht signifikant verändert. Wurden die Hände dagegen mit einer Coliaufschwemmung infiziert und anschließend 1 bis 3 Minuten mit Kernseife gewaschen, so war die Zahl der Colistäbchen erheblich herabgesetzt. Energische Säuberung der Haut mit Seife und Bürste entfernte Coliflora in 9 von 10 Fällen vollständig. Damit ist festgestellt, daß die Wirkung des Waschens nicht auf desinfizierenden Eigenschaften der Seife beruht, sondern auf einer mechanischen Entfernung der Keime von der Haut. Da die physiologische Bakterienflora, die sich vor allem zwischen den Hautleisten findet, erhalten bleiben soll, erweist sich ein Zusatz von Desinfektionsmitteln zur Seife als überflüssig, wenn nicht schädlich.

Die Umschau, Kurzberichte, 23. Heft, 1955, S. 32.

Kleine Impfmaschine für parasitische Mutterkornkultur

Durch die Veredelung und rationelle Kultur des Roggens verschwindet das Mutterkorn immer mehr auf dem Felde. Da andererseits die Bedeutung der Mutterkornalkaloide in der Therapie ständig wächst, wurde es notwendig, den Bedarf an Mutterkornalkaloiden durch die künstliche Kultur des Pilzes zu sichern. Die saprophytische Kultur des Mutterkornpilzes bewährte sich noch nicht, die parasitische Kultur dagegen gibt die Möglichkeit, Mutterkorn künstlich zu züchten, und ist wegen des erreichbaren großen Alkaloidgehaltes von wirtschaftlicher Bedeutung.

Früher wurde der Roggen während des Blühens durch Zerstäuben einer sporenreichen Flüssigkeit infiziert. Dabei ist der Erfolg sehr dem Zufall unterworfen. Dies konnte dadurch vermieden werden, daß wir, als erste im Jahre 1934, die Infektion durch Anstechen der Ähren mit Nadeln, in dessen Ösen das Impfmaterial in die noch geschlossenen Blüten übertragen wurde, verwandten. Dadurch war das Problem der künstlichen parasitischen Mutterkornkultur gelöst. Über diese Methode, die wir für den Großbetrieb ausarbeiteten, wurde später ausführlich berichtet.

Das Infizieren durch Anstechen hat sehr viele Vorteile. Die Infektion wird nicht nur unabhängig von der Blüh-Zeit des Roggens, welche meist innerhalb kurzer Tage nur auf die Morgenstunden beschränkt ist, sondern ermöglicht die Infektion schon zu dem Zeitpunkt, da die Ähren aus den Blattscheiden hervortreten, d. h. etwa 10–14 Tage vor der Blüte. Die Infektion gelingt leicht, denn gelangt nur ein Konidium auf die innere Fläche der Blütenspelze, so befindet es sich in einer feuchten Kammer und kommt zum Auskeimen. Die Infektion wird auch dadurch sehr gefördert, daß die Staubbeutel dem Pilz als Nährboden dienen. Die frühzeitige Infektion hat außerdem den Vorteil, daß es die sekundäre Verbreitung des Mutterkorns fördert. Bei der frühzeitigen Infektion bildet sich das *Sphacaelia*-Stadium bis zur Blüte aus, so daß der Honigtau durch den Tau und durch den Regen auf die unteren Blüten der Ähre übertragen wird. Schlägt der Wind die Ähren gegeneinander, so fördert dies ebenfalls die sekundäre Infektion. Ein weiterer Vorteil besteht darin, daß nur wenig Impfmaterial benötigt wird, außerdem ist die Impfzeit verhältnismäßig lang, so daß die Maschinen gut ausgenutzt werden können. Wenn es ferner möglich ist, die Kultur in verschiedenen Gegenden, etwa im Süden und im Norden vorzunehmen, so können die Maschinen z. B. in Ungarn etwa 4–6 Wochen lang im Betrieb gehalten werden.

NIKOLAUS VON BÉKÉSY, *Zentralblatt für Bakteriologie, Parasitenkunde und Infektionskrankheiten*, 106. Bd., 1943–5, S. 475.

Über den Einfluß des Nährbodens auf das Wachstum und die Farbstoffbildung von Schimmelpilzen

Eine Entartungserscheinung, die bei der Kultur der verschiedensten Schimmelpilze auf Agarnährböden oft stört, ist die reichliche Entwicklung von sterilem, flaumigem (oder watteartigem, englisch: floccose) Luftmyzel auf der ganzen Pilzkolonie oder nur auf einzelnen Sektoren, wobei die Bildung der Konidien usw. stark zurücktritt und u. U. ganz eingestellt werden kann. Bei den Trichophyteen oder Dermatophyten wird diese Erscheinung namentlich in der französischen Literatur als Pleomorphismus bezeichnet. Besonders unangenehm ist die mangelhafte Konidienbildung bei der Züchtung des Camembertschimmels, namentlich bei der weißen Varietät, für Käsereizwecke, da es hier gerade auf eine möglichst reichliche Konidienaussaat ankommt. Es hat sich auch gezeigt, daß mit dem Eintreten dieser flaumigen Entartung die Bildung von Farbstoffen oder Wirkstoffen vermindert werden kann.

Als hauptsächliche Ursache der Entartung sieht *Blochwitz* einen zu hohen Wassergehalt oder *Heintzeler* eine zu hohe Hydratur des Nährbodens an — *Langeron* und *Milochevitch* dagegen einen zu hohen Gehalt des Nährbodens an osmotisch wirksamen Stoffen, z. B. Zuckerarten, insbesondere Monosacchariden: also gerade eine zu niedrige Hydratur. Dementsprechend bekämpfte der erstere diese Krankheit durch Kultur auf unbefeuchtetem Brot, während die letzteren den Zucker im Agarnährboden durch ein Polysaccharid wie Dextrin oder Stärke oder durch stärkehaltige Mehle ersetzen. Die Ansicht von *Blochwitz* trifft namentlich für die von ihm aufgezählten hygrophoben oder xerophilen *Aspergillus*-Arten zu, z. B. für *Aspergillus glaucus*, bei welchem nach *Heintzeler* das Optimum für das Längenwachstum der Hyphen bei 93% relativer Dampfspannung liegt. Ein weiterer Grund für die Entartung kann in einer Infektion durch Bakterien liegen, welche namentlich auf stark wasserhaltigen Nährböden leicht aufkommen.

In meinen Versuchen zeigte es sich, daß die Reaktion des Nährbodens oft von ausschlaggebendem Einfluß ist — und zwar nicht nur die Reaktion des unbeimpften Nährbodens, sondern auch die Veränderungen der Reaktion, die durch den Pilz selbst hervorgerufen werden.

HEINRICH DELITSCH, *Zentralblatt für Bakteriologie, Parasitenkunde und Infektionskrankheiten*, 106. Bd., 1943–5, S. 357.

Über die Keimverteilung auf der Oberfläche von Seefischfilets

Die Ergebnisse von Versuchen, die in den letzten Jahren mit Fischen und Seefischfilets angestellt wurden, machten es notwendig, die Keimverteilung auf der unbehandelten Oberfläche eines Fisches oder eines Filets zu prüfen.

Die Wirkung irgendeiner Behandlung, durch die eine Herabsetzung der Keimzahl erzielt werden soll, kann nur dann zuverlässig festgestellt werden, wenn zuvor bekannt ist, wie groß die Keimzahlschwankungen sind, mit denen beim unbehandelten Ausgangsmaterial gerechnet werden muß. Es ist, z. B. klar, daß die Wirkung bakterizider Mittel auf Fischfilets nur dann nachgeprüft werden kann, wenn sie bedeutend größer ist als die Keimzahlschwankungen.

Deshalb wurden zunächst entsprechende Untersuchungen mit

Kabeljaufilets durchgeführt, die, in Eis verpackt, von der Küste bezogen und bis zum Versuch meist einige Tage bei $\pm 0°$ C aufbewahrt oder an Ort und Stelle aus kühl gelagerten Fischen hergestellt wurden. Da alle Versuche im wesentlichen dasselbe Resultat ergaben, wurden sie zusammen verarbeitet. Entsprechende Versuche über die Keimverteilung auf der Fischoberfläche sollen folgen.

Von jedem der 8 einer Analyse unterworfenen Filets wurden auf der glatten Innenseite mit Rasiermesser und Stanzzylinder 12 kreisförmige Oberflächenscheiben von je 5 qcm und 2–3 mm Dicke entnommen und nach Schütteln mit Wasser und Verdünnen nach dem *Koch*schen Plattenverfahren, mit Fleischbouillongelatine als Nährboden, auf ihre Keimzahl geprüft. Der Abstand der Mittelpunkte zweier benachbarter Proben betrug meist etwa 4 cm. Die Randstücke lagen möglichst dicht am Filetrand, die Innenstücke möglichst weit von beiden Rändern entfernt, also etwa auf der Mittellinie des Filets.

Prüft man in dieser Weise ein Filet, so zeigen sich starke Unterschiede der Keimzahlen selbst an benachbarten Stellen der Oberfläche: Stück 5 der Randreihe weist in unserem Beispiel eine Keimzahl von 37×10^7 Keimen je qcm, Stück 1 der Innenreihe dagegen nur 5×10^7 Keime je qcm auf, während im benachbarten Stück 2 die Keimzahl wieder auf 20×10^7 ansteigt.

Zunächst scheint die Verteilung der Keime ganz regellos zu sein; bei näherer Betrachtung zeigt sich jedoch, daß die Keimzahlen der Randreihe durchweg höher sind und daß bei graphischer Darstellung die Kurven für Rand- und Innenseite annähernd parallel verlaufen, vorausgesetzt, daß die Probestücke möglichst genau entsprechend dem Schema entnommen worden sind.

Um einen Vergleich zu erleichtern, wurden für alle Probestellen der 8 Filets die Keimzahlen, jeweils bezogen auf die Minimalkeimzahl des betr. Filets, in einer Tabelle zusammengefaßt, aus der sich alle Ergebnisse ableiten lassen.

TH. ZEISER, 'Mikrobiologische Untersuchungen an See- und Süßwasserfischen', *Zentralblatt für Bakteriologie, Parasitenkunde und Infektionskrankheiten*, 106. Bd., 1943–5, S. 1/2.

Beiträge zur weiteren Vereinfachung der serologischen Virusdiagnose

Der sparsame Verbrauch wertvoller Seren macht es notwendig, nach neuen Wegen der Dosierung zu suchen, die es ermöglichen, mit geringen Mengen von Seren eine recht große Zahl von Einzeluntersuchungen durchzuführen. Das gilt in besonderem Maße für die serienweise Prüfung von Kartoffel-Sorten oder auch -Neuzüchtungen auf Virusfreiheit, bzw. -befall. Die Lösung des Problems wird vor allem dadurch dringlich, daß solche Massenuntersuchungen in Zukunft nicht allein von serologisch geschulten und erfahrenen Fachkräften vorgenommen werden, sondern von kurz angeleiteten technischen Hilfskräften meist ohne chemisch-analytische und serologische Vorkenntnisse aus Zuchtbetrieben.

Diese werden nach beendeten, etwa 10–14tägigen Kursen, meist mehr oder weniger auf sich selbst gestellt, d. h. also ohne ständige Überwachung durch einen Serologen, mit der verantwortungsvollen Aufgabe betraut, solche Prüfungen an vielfach sehr umfangreichem Material vorzunehmen. Daß hierbei, zumindest in den ersten Wochen oder Monaten der erzwungenen Selbstständigkeit, der Serenverbrauch höher ist, als es derzeit gerechtfertigt erscheint, ist eine Erfahrungstatsache.

Da die Abgabe von Seren — unter dieser Bezeichnung sind hier stets Antiseren gemeint — beschränkt ist, kann ein unnützer Verbrauch derselben nicht verantwortet werden, schon deswegen nicht, weil der wirkliche Bedarf ständig wächst und sich voraussichtlich in den nächsten Jahren noch wesentlich steigern wird.

Es erhebt sich deshalb die Frage: Kann das Serum nicht bereits für jede Einzeluntersuchung dosiert geliefert werden, so daß es nicht mehr in das jeweilige Ermessen des Untersuchers gestellt ist, mehr Serum zu verbrauchen als unbedingt notwendig ist?

Auf medizinischem Gebiet lassen sich bereits ähnliche Bestrebungen verfolgen. So werden z. B. die Seren, die zur Blutgruppenbestimmung erforderlich sind, wegen ihrer Kostbarkeit in kleinsten Mengen in Glaskapillaren eingeschmolzen geliefert. Der Inhalt dieser Kapillaren ist gerade ausreichend für je eine Einzeluntersuchung. Neuerdings hat *W. Schäfer* über gelungene Versuche einer Verbesserung und Vereinfachung dieser Methode berichtet.

Auf einem Objektträger werden je 1 Tropfen A-, B- und O- Testserum zur Blutgruppenuntersuchung angetrocknet. Bei Bedarf sollen die angetrockneten Tropfen in wenig physiologischer Kochsalzlösung gelöst und damit wieder gebrauchsfähig gemacht werden. Der Vorteil dieser Methode soll nach Angabe des Verfassers außer in der besseren Haltbarkeit der eingetrockneten Tropfen gegenüber den eingeschmolzenen kleinen Serummengen besonders darin liegen, daß sie die denkbar größte Sparsamkeit gewährleiste und für Einzel- wie auch Massenuntersuchungen gleich gut geeignet sei.

C. STAPP und O. MARCUS, *Zentralblatt für Bakteriologie, Parasitenkunde und Infektionskrankheiten,* 106. Bd., 1943–5, S. 465.

W. Kalies: *Über Wunddiphtherie; eine Buchbesprechung*

Die Wunddiphtherie, die früher selten beobachtet wurde, lenkte gegen Ende des ersten Weltkrieges durch ihre Häufigkeit die Aufmerksamkeit auf sich. Auch in den letzten Jahren wurde wieder ein Anwachsen dieser Krankheit beobachtet, was wohl darauf zurückzuführen ist, daß als Folgen von Kriegsverletzungen die Zahl der Wunden eine viel größere ist, als in normalen Friedenszeiten, ferner kommen wahrscheinlich epidemologische Faktoren hinzu. Das Aussehen der Wunddiphtherie kann sehr verschiedengestaltig sein. Es können Wunden, die klinisch nicht an Wunddiphtherie denken lassen, mit Di-B. infiziert sein und anderseits kann eine Wundinfektion, die klinisch wie eine Wunddiphtherie aussieht, durch andere Erreger verursacht sein. Die endgültige Diagnose kann daher nur die bakteriologische Untersuchung erbringen. Schwere Erkrankungen mit toxischen Erscheinungen und letalem Ausgang sind selten. Die Diphtherieinfektion scheint für frische Operationswunden besonders gefährlich zu sein. Meist handelt es sich aber um harmlos verlaufende Sekundärinfektionen älterer Wunden, wobei allerdings bei den häufig mischinfizierten Wunden den übrigen Erregern eine bedeutende Rolle zukommt. Eine Virulenzänderung der Di-B. ist nicht anzunehmen, vielmehr wird sich der leichte Verlauf der Wunddiphtherie auf das Vorhandensein von Granulations- und Narbengewebe in älteren Wunden zurückführen lassen, das als organisch lebende

Schutzwände für die Resorption der Toxine ungünstigere Verhältnisse bietet als die Schleimhaut. Durch die langsam verlaufende Resorption des Toxins hat der Organismus genügend Zeit und Gelegenheit, Antitoxin zu bilden. Bemerkenswert ist der starke Antitoxingehalt im Serum von Patienten mit Wunddiphtherie.

Bei den aus Wunden gezüchteten Corynebakterien handelt es sich in einem hohen Prozentsatz um Paradiphtherie. In Wundabstrichen von 121 Kranken ließen sich in 5,8% Di-B., in 24% Para-Di-B. und in 3,3% der Fälle beide Arten feststellen, daneben aber auch stets andere Keime (hämolytische Streptokokken und Staphylokokken, Coli, Proteus, Pyocyaneus). An Hand von verschiedenen Tierversuchen wurde der Nachweis erbracht, daß die Para-Di-B. wahrscheinlich keine pathogene Bedeutung haben. Die Untersuchung der Frage, ob eine Umwandlung der Di-B. des einen Typs in einen anderen und von Di-B. in Para-Di-B. möglich ist, ergab, daß die Typen Gravis und Mitis sowie die Paradiphtherie eine ausgesprochene biologische Konstanz in jeder Richtung besitzen. Dagegen lasse sich der Intermedius unter günstigen Bedingungen in einen Mitis unwandeln.

AGNES RAU, *Zentralblatt für Bakteriologie, Parasitenkunde und Infektionskrankheiten*, 106. Bd., 1943–5, S. 375.

Zur bakteriziden Wirkung von komprimiertem Sauerstoff

Es ist bekannt, daß Sauerstoff unter Druck das Wachstum aller Mikroorganismen hemmt. Dieser bakteriostatische Effekt wird bei längerer Einwirkungszeit und mit steigender Temperatur bakterizid. Worauf diese keimabtötende Wirkung beruht, ist bisher ungeklärt. Toxische Stoffwechselprodukte können, wenn sie überhaupt auftreten, das Phänomen nicht erklären, da nach Beseitigung des Druckes das Wachstum sofort wieder einsetzt. Es ist weiter bekannt, daß komprimierter Sauerstoff die Atmung und den Stoffwechsel von Mikroorganismen in starkem Maße beeinträchtigt. Daher liegt die Vermutung nahe, daß die Bakterien in ihrer Nährlösung verhungern, weil sie nicht in der Lage sind, die gebotenen Nährstoffe zu verwerten. Um diese Frage zu klären, wird *Escherichia coli* in flüssigem Nährsubtrat gezüchtet, abzentrifugiert, gewaschen und 24 h in physiologischer Kochsalzlösung bebrütet, um vorhandene Reservestoffe zu verbrauchen. Anschließend setzt man die eine Hälfte der Bakterienaufschwemmung in „Standard-Merck-I-Bouillon" unter 8 atü O_2 und beläßt den Rest unter gewöhnlichen Bedingungen in der physiologischen NaCl-Lösung. Die Bakterien sterben unter komprimiertem Sauerstoff schneller ab als in der Kochsalzlösung. Erhitzt man Coli-Bakterien kurzfristig auf höhere Temperatur, so ist die Absterberate unter 8 atü O_2 stets größer als unter gewöhnlichem Luftdruck. Aus diesen Gründen scheint ein Verhungern nicht die Ursache der bakteriziden Wirkung zu sein.

Es erhebt sich weiter die Frage, ob irreversible Fermentschädigungen für den bakteriziden Effekt verantwortlich sind. Wenn diese Möglichkeit auch nicht ganz auszuschließen ist, so ist sie als alleinige Erklärung unzureichend. Hydrolytisch wirkende Fermente werden nicht so stark gehemmt wie dehydrierende Enzyme. Die Zelle müßte daher in neuem Nährsubtrat und unter Atmosphärendruck nach einiger Zeit über ausreichende Energie verfügen, um die geschädigten Zellbestandteile zu reproduzieren.

Der schädigende Einfluß des Sauerstoffs muß daher am Gen-Apparat des Organismus angreifen oder solche Vorgänge irreversibel blockieren, die unmittelbar mit der Zellteilung zusammenhängen oder die Enzymbildung katalysieren.

H. LÜCK, Experientia, Vol. 10, 1954, S. 15/16.

Antikörperproduktion mit isolierter Bakterienzellwand und mit Protoplasten

In einer früheren Arbeit haben wir mit immuno-chemisch-zytologischen Methoden nachgewiesen, daß das Lysozym bei einem lysozymempfindlichen Bacillus auf die Zellwand einwirkt. Die Zellwand-Polysaccharide werden in einigen Minuten depolymerisiert, die Zellwandstruktur wird dadurch lockerer und ihre formbestimmende Wirkung hört auf. Die mit einer elastischen Zytoplasmamembran ausgestatteten Protoplasten nehmen infolgedessen eine durch die Oberflächenspannung bedingte regelmäßige sphärische Form an. Die Zellwand löst sich alsbald vollkommen auf, und die kugelförmigen Protoplasten werden freigesetzt. Wir haben diese Versuche mit lebenden Bakterien durchgeführt, die in physiologischer Kochsalzlösung suspendiert worden waren. In diesem Milieu entleert sich der Inhalt der Protoplasten mehr oder weniger rasch; nur die Zytoplasmamembran bleibt noch einige Stunden im Phasenkontrast-Mikroskop sichtbar.

Weibull hat unsere Beobachtungen über die Lysozymwirkung auf die Zellstruktur bei *B. megaterium* bestätigt und erkannt, daß die kugelförmigen Protoplasten in 0,1–0, 2 mol Saccharose konserviert werden können. Sie weisen im Warburg-Apparat den gleichen Sauerstoffverbrauch auf wie die lebenden intakten Bakterien.

Diese Befunde ermöglichten es, die nackten Bakterienprotoplasten chemisch zu studieren; ihr serologisches Verhalten jedoch wurde bisher noch nicht untersucht. Der Zweck dieser Mitteilung ist, über die völlig verschiedene Antigennatur der Protoplasten im Vergleich zu derjenigen der Zellwand zu berichten.

Die vorliegenden Untersuchungen wurden mit Bacillus M durchgeführt, dessen Oberflächenstrukturen eine weitgehende Ähnlichkeit mit denjenigen des *B. megaterium* zeigen. Bacillus M ist gegenüber Lysozym sehr empfindlich. Seine Protoplasten enthalten weniger Lipoidkörnchen als diejenigen von *B. megaterium*, und sie bleiben in Saccharoselösung im Eisschrank selbst während 5 Tage unverändert.

J. Tomcsik und S. Guex-Holzer: *Experientia*, Vol. 10, 1954, S. 484/5.

PHYSICS

Die Grundlagen der Wärmelehre

Den Unterschied zwischen wärmeren und kälteren Körpern und den Ausgleich, der bei der Berührung verschieden warmer Körper eintritt, kennt schon die vorwissenschaftliche Erfahrung. Sie weiß sogar, daß, wenn ein Körper A mit zwei anderen, B und C, im Wärmegleichgewicht ist, B und C auch untereinander im Gleichgewicht sind. Diese Erfahrung führte schon vor der eigentlichen wissenschaftlichen Forschung zur Ordnung der Wärmegrade nach einer eindimensionellen Skala, d. h. zur Schaffung eines qualitativen Temperaturbegriffs, bei dem man freilich nur von höherer und niedrigerer Temperatur sprechen konnte, ohne damit Maß und Zahl zu verbinden. Mit der wissenschaftlichen Forschung erwachte das Bedürfnis, Temperaturen quantitativ zu messen. So haben sich z. B. *Galileo Galilei* (1564–1642), *Evangelista Torricelli* (1608–1647), *Otto v. Guericke* (1602–1686) und manche ihrer Zeitgenossen um die Herstellung von Thermometern bemüht; alle legten die Wärmeausdehnung von Flüssigkeiten oder Gasen zugrunde, wie es auch heute noch meistens geschieht. Freilich unterlagen diese ersten Thermometer vielfach störenden Einflüssen, z.B. denen des Luftdrucks, und gaben somit nur bedingt brauchbare Resultate. Auch vereitelten es technische Schwierigkeiten, daß Thermometer derselben Konstruktion übereinstimmten. Der erste, der diese Störungen und Schwierigkeiten überwand und damit der Vater der Thermometrie wurde, ist *Gabriel Daniel Fahrenheit* (1686–1736), dessen Arbeiten wohl bis auf 1709 zurückreichen. Seine Konstruktion ist die heute noch beim Zimmerthermometer gebräuchliche. Dies war der erste Schritt zu einer Wissenschaft von der Wärme.

MAX V. LAUE, *Geschichte der Physik*, 1950, S. 87.

Reibungs-Elektrizität

Obwohl die moderne Welt in ihrer Technik fast ausschließlich auf der Anwendung elektrotechnischer Vorgänge, also magnetischer und elektrischer Erscheinungen beruht, sodaß wir geradezu von einer elektromagnetischen Technik der Gegenwart sprechen können, sind die Begriffe und die Tatsachen dieses wissenschaftlichen und technischen Gebietes noch nicht so in unser Bewußtsein eingedrungen, wie etwa mechanische oder wärmetechnische Ausdrücke, Maschinen und Vorgänge. Im folgenden wird versucht, das Wesentliche zur Beantwortung der Frage, was Elektrizität sei, zusammenzustellen, um dem modernen Menschen gewissermaßen das Wörter- und Tatsachenbuch in die Hand zu geben.

Wenn auch die antiken Völker schon die bekannte Eigenschaft des Bernsteins, durch Reibung in einen Zustand versetzt zu werden, der es ermöglicht, daß kleine Papierschnitzelchen an diesem versteinerten Harz haften bleiben, zu erklären versuchten, begann eine genauere Erforschung dieser rätselhaften Erscheinung erst nach der Renaissance, gleichsam mit der Epoche der Heraufkunft des neuen kopernikanischen Weltbildes. Es ist interessant zu sehen, daß schon vor der Herausgabe des ersten umfassenden und

grundlegenden Physikbuches des Abendlandes, der „Zwiege-
spräche" von *Galilei* im Jahre 1638, ein Werk erschienen war, das
fast alle bis dahin bekannten magnetischen und elektrischen
Erscheinungen, sowie die Experimente, die man dazu machen
konnte, zusammenstellte. Im Jahre 1600 kam in London das Buch
eines gebildeten Mediziners namens *William Gilbert* heraus, das
unter dem Titel „De magnete, magneticisque corporibus et de
magno magnete Tellure physiologia nova" gleichsam zum Grund-
buch aller weiteren magnetischen und elektrischen Forschungen
wurde. Wenn auch vor allem die magnetischen Erscheinungen
beschrieben wurden und wenn auch in erster Linie in der Auf-
stellung des Begriffs „Erdmagnetismus" das Neue dieses Buches
zu sehen war, so enthielt doch der Abschnitt über die Elektrizität sehr viel Neues. Z. B. gab es da eine genaue Tabelle aller derjenigen Körper, die wie der Bernstein durch Reiben elektrisch
gemacht werden konnten, wie man sich ausdrückte. *Gilbert* hat
sogar bemerkt, daß der Erzeugung dieser Reibungs-Elektrizität
feuchte Luft hinderlich ist, während trockene Luft den Vorgang
begünstigt.

KARL ZINK, 'Was ist Elektrizität?' *Berckers Kleine Volks-*
bibliothek, Nr. 1026, 1952, S. 2.

Die Elementarladung

Beim Durchgang des elektrischen Stromes durch Lösungen wurde
schon in der ersten Hälfte des 19. Jahrhunderts beobachtet, daß
die in der Lösung vorhandenen Teilchen, die Moleküle der gelös-
ten Substanz, z. B. Kochsalz, den Transport der Elektrizität besorg-
ten und dabei in gewisse Bestandteile, die elektrisch geladen waren,
zerfielen. Die elektrischen Ladungen hafteten gleichsam an den
Bestandteilen der Moleküle, die — da jedes Molekül einer Substanz aus den Atomen der Grundstoffe dieser Substanz aufgebaut
ist — als solche damit zu elektrisch geladenen Atomkomplexen
werden, die man Ionen nennt. Es gibt Ionen mit negativer und
Ionen mit positiver Ladung. Aus den gesamten elektrotechnischen
Tatsachen konnte die Größe einer zwar noch nicht beobachteten,
aber theoretisch errechenbaren Elementarladung ermittelt werden.
Wichtig für den Gewinn der Elementarladung und für die
Bildung der Ansicht, daß es ein materielles Element der Elektrizität

gebe, wurden dann die Beobachtungen, die man beim Durchgang elektrischer Ströme durch luftverdünnte Räume — Vakuum —, bzw. Gase gemacht hatte. Diese Beobachtungen sind verknüpft mit den Namen: *Hittdorf, Thomson, Lenard, Goldstein.* Die Quintessenz dieser Beobachtungen lag darin, daß beim Durchgang des elektrischen Stromes durch luftverdünnte Räume, Strahlungen auftraten, die die Eigenschaft elementarer, also nicht weiter teilbarer elektrischer Ladungen aufweisen, aber daneben durchaus noch die materielle Eigenschaft der Masse besaßen. Man sprach von Kathodenstrahlen, wenn die Strahlung sich vom negativen Stromkontakt der Vakuumröhre zum positiven Stromkontakt hin ausbreitete. Da die Strahlung sich zum Beispiel durch positive magnetische oder elektrisch geladene Platten ablenken ließ, da sie weiterhin im Stande war, ein kleines, im Inneren des Vakuums drehbares Schaufelrädchen in Rotation zu versetzen, schloß man auf die negative Ladung und die materielle Beschaffenheit der Kathodenstrahlen. So festigt sich die Ansicht der materiellen Elementarladung, bzw. des materiellen Teilchens der negativen Elektrizität. Man sprach vom Elektron. Man maß seine Ladung und seine Masse. Die Ladung beträgt $4,803$mal 10^{-10} elektrostatische Einheiten. Die Masse beträgt $9,108$mal 10^{-28}g.

KARL ZINK, 'Was ist Elektrizität?' *Berckers Kleine Volks-bibliothek*, Nr. 1026, 1952, S. 10/11.

Die Sonnenfinsternis vom 30. Juni, 1954

Die diesjährige totale Sonnenfinsternis vom 30. Juni mit einer Maximaldauer der totalen Verfinsterung von etwa 150 sec verdiente aus zwei Gründen besonderes Interesse. Erstens erstreckte sich die Totalitätszone vom nordamerikanischen Kontinent über die Südspitze Grönlands und Islands und durch Süd-Skandinavien bis weit in den asiatischen Kontinent hinein. Sie bot demgemäß eine besonders gute und so bald nicht wiederkehrende Gelegenheit, mit speziellen, für geodätische Zwecke bestimmten Beobachtungen diese weite, die Kontinente verbindende Basis sehr genau auszumessen. Zweitens lag der für sonnenphysikalische Beobachtungen besonders geeignete mittlere Teil der Finsterniszone über Skandinavien und war demgemäß verkehrstechnisch sehr leicht und ohne besonderen großen finanziellen Aufwand von den europäischen Observatorien und Forschungsinstituten her erreichbar.

Ebenso waren naturgemäß die äußeren Aufenthaltsbedingungen in einem hochkultivierten Lande für die ausgesandten Beobachtungsgruppen sehr viel besser und bequemer, als dies sonst für viele, in mehr oder minder unzugänglichen Teilen der Erde sichtbare Finsternisse der Fall zu sein pflegt. Allein in Schweden wurden (mit Einschluß einiger mehr oder weniger wissenschaftlich arbeitender Amateurgruppen) etwa 50 verschiedene Beobachtungsstationen gezählt. Es ist im Rahmen dieses schon kurz nach der Finsternis entstandenen Referates natürlich gar nicht möglich, eine auch nur einigermaßen vollständige Darstellung der Aufgaben und der vorläufigen Beobachtungsergebnisse all dieser Gruppen zu geben. Wir müssen uns daher nur kurz auf die wesentlichsten, zusammenfassenden Angaben beschränken und auch dies nur insoweit, als dem Referenten, der als Mitglied der Cambridger Observatorien selber auf Syd-Koster arbeitete, bisher Informationen zugänglich waren. Diese beziehen sich natürlich vorwiegend auf die europäischen Beobachtungsstationen.

Die sorgsam abgeschätzten Wetteraussichten, welche ja in den meisten Klimaten die größte Gefährdung für die auf wenige bestimmte Minuten begrenzten Sonnenfinsternisbeobachtungen bedeuten, gaben die besten Aussichten mit etwa 50% für die West- und die Ostküste Schwedens. Dort fand die Totalität ungefähr um die Mittagszeit statt, und dort hatte sich demgemäß die Mehrzahl der größeren wissenschaftlichen Expeditionen versammelt. Um der gefährlichen Cumulibildung an Schönwettertagen nach Möglichkeit zu entgehen, schien die Wahl einer kleinen, dem Festlande vorgelagerten Insel wünschenswert. Diese Überlegung erwies sich z. B. im Falle der Insel Syd-Koster vor der schwedischen Westküste wieder als sehr zutreffend. Die bei einer Schönwetterlage sich über dem Festlande aufbauenden Cumuli erreichten die der Küste um etwa 10 km vorgelagerte Insel nur noch bei stärkeren östlichen Winden. Die nur wenige Quadratkilometer große Insel selber gab zu keiner nennenswerten Cumulibildung mehr Anlaß. Eine Insel von höchstens dieser Größe und wenigstens 30 bis 50 km vom Festlande entfernt dürfte nach diesen Überlegungen für Finsternisbeobachtungen in der Regel besondere zusätzliche gute Wetteraussichten bieten. Der Verfasser hat schon früher im indonesischen Archipel und unter tropischen Bedingungen ähnliche Feststellungen machen können.

H. v. KLUBER, *Die Naturwissenschaften*, 42. Jahrg., 1955, S. 3.

Der im Jahre 1905 gedruckte 17. Band der *Annalen der Physik* enthält *Einsteins* 30 Seiten lange Arbeit „Zur Elektrodynamik bewegter Körper". Der Titel klingt bescheiden, doch bemerken wir beim Lesen sogleich, daß die Arbeit sich von anderen ähnlicher Art unterscheidet. Sie enthält absolut keine Literaturhinweise, keine Autoritäten werden zitiert, und die wenigen Fußnoten haben bloß einen erklärenden Charakter. Der Stil der Arbeit ist sehr einfach, und ein großer Teil ihres Inhalts kann ohne fortgeschrittene Fachkenntnisse verstanden werden. Man wundert sich fast, daß diese Arbeit, die so sehr in ihrer Form von den üblichen verschieden ist, von dem Referenten, falls es einen gegeben hat, durchgelassen wurde; besonders, da völliges Verständnis eine Tiefe des Denkens erfordert, die seltener und wertvoller ist als pedantisches Wissen. Auch heute haben die Darstellungsweise und der Stil der Arbeit nichts an ihrer Frische verloren. Sie ist immer noch eine der besten Quellen für das Studium der Relativitätstheorie. Der Verfasser der Arbeit war ein Außenseiter; er gehörte nicht einmal zum Stand der Hochschullehrer. Damals, vor 50 Jahren, war er ein junger Doktor der Philosophie, 26 Jahre alt, Angestellter des Eidgenössischen Patentamtes in Bern. Im zweiten Abschnitt dieser Arbeit lesen wir:

„1. Die Gesetze, nach denen sich die Zustände der physikalischen Systeme ändern, sind unabhängig davon, auf welche von zwei relativ zueinander in gleichförmiger Translationsbewegung befindlichen Koordinatensystemen diese Zustandsänderungen bezogen werden.

2. Jeder Lichtstrahl bewegt sich in „ruhenden" Koordinatensystemen mit der bestimmten Geschwindigkeit C, unabhängig davon, ob dieser Lichtstrahl von einem ruhenden oder bewegten Körper emittiert wird."

Dies sind die zwei Postulate — das verallgemeinerte *Galileische* Relativitätsprinzip und das Prinzip der konstanten Lichtgeschwindigkeit —, aus denen, wie bekannt, die *Lorentz*-Transformation folgt. Das sind die Grundlagen, auf welchen die spezielle RT errichtet worden ist. Dies sind die Annahmen, die zu einer radikalen Revision unserer Grundbegriffe von Raum und Zeit führten.

Im nächsten Bande der *„Annalen der Physik"* erschien eine

kurze Arbeit von *Einstein* unter dem Titel: „Ist die Trägheit eines Körpers von seinem Energieinhalt abhängig?" Wenn ich die in dieser Arbeit ausgesprochenen Gedanken als welterschütternd bezeichnen würde, so wäre dies keine Übertreibung, denn hier finden wir zum erstenmal die theoretische Fassung einer möglichen neuen Erscheinung, die einen unbegrenzten Ausblick für die Wissenschaft und die Technik eröffnet hat. Dieser kurze Artikel erklärt: die Anwendung der Atomenergie ist im Prinzip möglich. 40 Jahre später wurde bewiesen, daß die Verwendung der Atomenergie für den Krieg möglich ist. Der Beweis war so deutlich durch die Zerstörung von Hiroshima und Nagasaki und den jähen Tod von 200 000 Menschen. Etwa 50 Jahre später wurde der Beweis erbracht, daß die Atomenergie auch für das Wohl der Menschheit benutzt werden kann. Es liegt eine bittere Ironie darin, daß der Keim für beide Verwendungsarten der Atomenergie vom friedlichsten Mann der Welt gesät wurde — von einem einsamen Mann, der Gewalttätigkeit verabscheut und rohe Kraft verachtet.

L. INFELD, *Die Naturwissenschaften*, 42 Jahrg., 1955, S. 432.

K. E. Zimen, Angewandte Radioaktivität; eine Buchbesprechung

Vor allem die stürmische Entwicklung der vielseitigen Anwendung der radioaktiven Isotope sichert jedem auf diesem Gebiet erscheinenden Buch größeres Interesse. Der Vorteil des kleinen Buches ist seine Kürze. In seiner Einführung schreibt Professor *Otto Hahn*: „Eine ausführliche Darstellung alles dessen, was über die Anwendungen radioaktiver Atomarten heute schon vorliegt, würde den Rahmen einer zusammenfassenden Übersicht bei weitem überschreiten." So beschränkt sich sein ehemaliger Schüler darauf, dem Leser das prinzipiell Wichtigste in leicht verständlicher Form zu vermitteln. Das erste Kapitel beschäftigt sich mit den Grundlagen der natürlichen und der künstlichen Radioaktivität. Im zweiten Kapitel werden dann die prinzipiellen Möglichkeiten der Isotopenmethode und zahlreiche Beispiele ihrer Anwendung in der Biologie und Medizin, Chemie und Physik sowie in der Technik und Industrie behandelt. Für die Praxis sehr nützlich sind die Tabellen zur Isotopentechnik im Schlußkapitel, wobei ich besonders die Angaben und Erläuterungen zu der wichtigen Frage des Strahlenschutzes hervorheben möchte. Das Buch ist aus den Vorlesungen und Übungen des Verfassers hervorgegangen und enthält wirklich alles, was der an der Anwendung der radioaktiven Isotope Interessierte als Grundlage braucht. Die verspätete Besprechung des bereits 1952 erschienenen Buches gibt Gelegenheit, nochmals empfehlend auf das bewährte und, wie betont sei, wegen seiner prinzipiellen Einstellung nicht veraltende Werk des Verfassers hinzuweisen.

K. PHILIPP, *Die Naturwissenschaften*, 42. Jahrg., 1955, S. 472.

Die neuen instabilen Teilchen in der kosmischen Strahlung

In den Jahren seit Kriegsende sind in der Erforschung der kosmischen Strahlung eine Reihe wichtiger Fortschritte erzielt worden, unter denen die Entdeckung neuer instabiler Teilchen die meiste Beachtung verdient. Zu dem schon seit 1937 bekannten μ Meson ist 1947 das von *Powell* entdeckte π Meson hinzugekommen, und wenige Zeit darauf häuften sich die Beobachtungen von Bahnspuren in kernphotographischen Platten und in Nebelkammern, die den Schluß auf die Existenz weiterer bisher nicht bekannter Teilchen, der schweren Mesonen und Hyperonen zuließen.

Da es in deutscher Sprache über diese Teilchen noch kaum zusammenfassende Darstellungen gibt, und da das experimentelle Material ständig anwächst, soll hier versucht werden, den gegenwärtigen Stand unserer Kenntnisse — soweit es sich um einigermaßen gesicherte Befunde handelt — in Kürze zu schildern. Dabei muß aber betont werden, daß die Erforschung der neuen Teilchen noch ziemlich in den Anfängen steckt. Es ist deshalb auch möglich, daß einige der hier genannten Daten in Zukunft noch wesentliche Korrekturen erfahren, doch dürfen wir die Existenz der Teilchen als solche, die vor wenigen Jahren noch als zweifelhaft galt, heute in den allermeisten Fällen als gesichert betrachten.

Daß die schweren Mesonen und Hyperonen erst so spät entdeckt wurden und daß man noch wenig über sie weiß, wird verständlich, wenn man bedenkt, daß ihre Häufigkeit in der an sich sehr intensitätsarmen kosmischen Strahlung nur äußerst klein ist. Wegen ihrer kurzen Lebensdauer sind diese Teilchen nur in der Nähe ihres Erzeugungsortes, z. B. in einem Block Blei oder Photoemulsion, vorhanden und machen dort in Meereshöhe je nach Größe der Meßanordnung nur etwa ein Zehntausendstel bis ein Millionstel der Gesamtintensität aus. Zudem findet man sie im allgemeinen nur, wenn sie im Meßvolumen selbst zerfallen; und um ihre Identität zu bestimmen, muß noch die Zahl, die Natur und die Energie der beim Zerfall entstehenden Teilchen bekannt sein. Dies bedingt, daß man den Einzelprozeß so vollständig wie möglich überschauen muß, was nur in der Nebelkammer oder in der Photoemulsion gelingt. Die registrierenden Instrumente, wie Zählrohr, Ionisationskammer oder Szintillationszähler liefern nicht genügend Information, sie sind aber wichtige Hilfsmittel der Vorselektion bei der Steuerung von Nebelkammern. Um an Intensität der kosmischen Strahlung zu gewinnen, werden die Photoplatten mit Hilfe von Ballonen in der Stratosphäre exponiert, während die schwerfälligeren Nebelkammern meist auf Bergstationen betrieben werden.

M. Deutschmann, *Die Naturwissenschaften*, 42. Jahrg., 1955, 499/500.

Radiostrahlung aus unserer Milchstraße

Man findet heute in der Literatur bereits über 100 diskrete Radioquellen angegeben, aber erst knapp 50 dürften als völlig gesichert gelten. Unser Problem ist also eine Identifikation dieser Radioquellen mit bereits bekannten optischen astronomischen Objekten. Solch eine Zuordnung ist schwieriger, als man zunächst denken sollte. Das hat verschiedene Ursachen. Einmal ist wegen der großen Wellenlänge die Bündelung des Empfangs oder das Auflösungsvermögen der Radioteleskope sehr viel geringer als im optischen Bereich, und ein „Radioort" läßt sich daher bei weitem nicht mit der Genauigkeit festlegen wie der „optische" Ort eines Objektes. Ferner geht die Radiostrahlung praktisch ungehindert durch die kosmischen Wolken interstellarer Materie hindurch, die uns in weiten Gebieten die unmittelbare Durchsicht versperren. In diesen Richtungen wird kaum jemals eine Identifikation mit optischen Objekten möglich sein. Drittens sind die Radioteleskope sehr viel empfindlicher und reichen weiter in den Raum hinaus als selbst unsere größten optischen Fernrohre.

Vor etwa 6 Jahren hatte man außer der Sonne erst eine Radioquelle einem bekannten astronomischen Objekt, nämlich dem Crabnebel zuordnen können. Auch heute ist die Zahl der Identifikationen noch nicht sehr groß. Der neue Katalog der International Astronomical Union umfaßt nur 8 völlig eindeutige Identifikationen und 9 weitere, deren Zuordnung als sehr wahrscheinlich anzusehen, doch noch nicht endgültig sichergestellt ist. Aber unter diesen Identifikationen, die teilweise unter Einsatz der großen Fernrohre auf dem Mt. Palomar gelungen sind, befinden sich einige so typische, daß man es trotz des geringen Materials wagen kann, einen Überblick zu geben, der gleichzeitig die Richtung der weiteren Forschung weisen wird. Wir stützen uns dabei weitgehend auf eine Zusammenstellung von *W. Baade* und *R. Minkowski* über diesen Problemkreis. Die Sonne selbst dürfen wir in diesem Zusammenhang nicht eigentlich als „Radiostrahler" ansehen. Wie *A. Unsöld* in der Umschau bereits berichtet hat, handelt es sich bei der Radiostrahlung der „ungestörten" Sonne einfach um thermische Ausstrahlung. Daß wir diese Strahlung wahrnehmen, liegt nur an der Nähe der Sonne; in der Entfernung der anderen Fixsterne würden wir sie nicht mehr als diskrete Radioquelle beobachten. Die sehr viel stärkere „gestörte" Strahlung der Sonne tritt nur im Zusammenhang mit ihrer Aktivität und nur sehr kurzzeitig auf. Auf diese thermischen und kurzzeitigen Störstrahlungen wollen wir hier nicht eingehen, sondern uns gleich den eigentlichen Radiostrahlern zuwenden und im ersten Teil unseres Berichtes zunächst die galaktischen Radioquellen betrachten.

H. H. Voigt, *Die Umschau*, 23. Heft, 1955, S. 714.

Thermodynamik

Die klassische Thermodynamik, früher Wärmetheorie genannt, beruht auf drei Hauptsätzen. Der erste ist der Erhaltungssatz der Energie, insbesondere die darin enthaltene Aussage, daß die Wärmemenge eine Form der Energie und somit in mechanischem Maße meßbar ist. Sein ganzer Inhalt steckt in dem Satz von der Unmöglichkeit des perpetuum mobile.

Der zweite Hauptsatz erklärt das perpetuum mobile zweiter Art für naturgesetzlich unmöglich, d. h. eine periodische Maschine, die nichts bewirken soll, als daß Wärme in mechanische Art übergeht. Existierte sie, so könnte man Wärme dauernd und ohne sonstige Änderung an den beteiligten Körpern von tieferer zu höherer Temperatur bringen, indem man sie bei niederer Temperatur in Arbeit und diese dann, was ohne weiteres gelingt, bei höherer Temperatur wieder in Wärme umsetzt. Daß aber eine unkompensierte Überführung von tieferer zu höherer Temperatur auf keine Weise, auch nicht indirekt, gelingen kann, hatte schon *S. Carnot* gesehen. Seinen Irrtum, daß die Wärmemenge unveränderliche Substanz sei, hatte der erste Hauptsatz richtiggestellt. Damit war die Bahn frei, auf der 1850 *Rudolf Emanuel Clausius* (1822–1888) und 1854 *William Thomson* (später Lord Kelvin, 1824–1907) zum zweiten Hauptsatz vordrangen. Wie der erste Hauptsatz eine Zustandsfunktion, die Energie, einführt, so auch der zweite in der 1865 ihm von *Clausius* gegebenen Form. Er benannte diese neue Funktion die „Entropie"; während aber die Energie eines nach außen völlig abgeschlossenen Systems unverändert bleibt, nimmt seine Entropie, additiv zusammengesetzt aus den Entropien bei jeder Veränderung zu. Der ideale und für die Theorie zu wichtige Grenzfall, daß sie unverändert bleibt, ist in Strenge nie zu verwirklichen. Abnahme der Entropie aber ist auch für den Gedankenversuch naturgesetzlich verboten.

Damit sind alle Vorgänge in zwei Klassen eingeteilt. Nimmt bei einem die Entropie zu, so bedeutet es Entropieabnahme, wenn man ihn direkt oder indirekt rückgängig machte; er ist also tatsächlich unumkehrbar. Denkbar sind aber sehr wohl umkehrbare Vorgänge, d. h. solche, bei denen die Entropie erhalten bleibt. Bei einem umkehrbaren, d. h. aus lauter umkehrbaren Einzelvorgängen bestehenden Kreisprozeß, wie ihn 1834 *Benoit Paul Emile Clapeyron* (1799–1864) in die physikalische Theorie eingeführt hatte und wie ihn die Dampfmaschine annähernd darstellt, gibt es zwei isotherme und zwei adiabatisch, d. h. ohne Wärmezu- oder -abfuhr verlaufende Zweige. Die auf den isothermen Zweigen zu- oder abgeführten Wärmemengen sind in ihrem Verhältnis nur von den Temperaturen abhängig, bei denen diese Zweige liegen. Diese Erkenntnis benutzt die in Abschnitt 7 besprochene Temperaturdefinition. Die Differenz beider Wärmemengen gibt die (positive oder negative) Arbeitsleistung, die — bei umkehrbarer Führung des Kreisprozesses — somit auch in ihrem Verhältnis zu einer der Wärmemengen nur von den beiden Temperaturen abhängt. Der Wirkungsgrad einer solchen Maschine ist damit nur eine Frage nach dem verfügbaren Temperaturunterschied. Bei nicht-umkehrbaren Kreisprozessen ist der Wirkungsgrad ceteris paribus geringer. Dies sind einige der leitenden Ideen aus den Anfängen der Thermodynamik.

Max von Laue, Geschichte der Physik, 1950, S. 102/3.

Der plastische Ton im plastischen Film

Das Ohr unterscheidet Töne nach ihrer Tonhöhe und Lautstärke. Neben diesen Qualitäten des Tones empfindet der Zuhörer aber zugleich Richtung und Entfernung der Tonquelle. Bei elektrischen Tonübertragungseinrichtungen ist es nicht notwendig, daß die Wiedergabe im physikalischen Sinn originalgetreu erfolgt. Eine wirklich originalgetreue Wiedergabe des Schalles ist sogar grundsätzlich nicht möglich, wird doch jede Wiedergabe beispielsweise von der Raumakustik des Wiedergabeortes verändert. Es genügt für den praktischen Gebrauch, danach zu streben, daß die Wiedergabe möglichst originalgetreu empfunden wird, d. h., daß beim Zuhörer die Illusion des Originals hervorgerufen wird. Bei reiner Sprachwiedergabe ist allein die Verständlichkeit entscheidend und die Originaltreue völlig gleichgültig. Bei Musikwiedergabe hat man bisher vorzugsweise auf möglichst richtige Wiedergabe der Tonhöhe und Lautstärke geachtet. Die Wiedergabe der ursprünglichen Schallrichtung und der Entfernung der Schallquelle fand — abgesehen von Experimenten — bei Rundfunk und Tonfilm erst in allerletzter Zeit Beachtung.

Die Richtungsempfindlichkeit beider Ohren ist praktisch auf die waagerechte Ebene beschränkt. Für den Höhenwinkel ist die Richtungsempfindung verschwindend gering. Er wird vorzugsweise durch Bewegungen des ganzen Kopfes geschätzt. Hat man die Schallquelle genau vorn, so empfangen beide Ohren den gleichen Reiz. Liegt die Schallquelle jedoch seitwärts, so erreicht der Schall das abgewandte Ohr infolge des Umwegs um den Kopf später und leiser als das zugewandte Ohr. Zeit- und Lautstärkeunterschied sind beide an der Empfindung der Schallrichtung beteiligt. Freilich erreicht das Ohr bei weitem nicht die Richtungsempfindlichkeit des Auges. So läßt sich mit dem Gehör unter günstigen Bedingungen gerade noch eine Richtungsänderung von 3° feststellen. Dieser Richtungsunterschied bedingt bei einem gerade vorn liegenden Objekt einen Zeitunterschied von 0,03 Millisekunden. Je seitlicher die Schallquelle steht, um so geringer ist die Richtungsempfindlichkeit. Das abgewandte Ohr liegt dann im Schallschatten des Kopfes und kann einen Reiz nur durch Beugung der am Kopf vorbeilaufenden Schallwellen erhalten. Ist die Wellenlänge im Verhältnis zur Kopfgröße sehr groß, so entsteht praktisch kein Schallschatten. Bei Wellenlängen über 1 m, d. h. Schwingungszahlen unter 300 Hz, erhalten daher beide Ohren stets die gleiche Schallstärke. Ist dagegen die Wellenlänge wesentlich kleiner als der Kopf, so ist die Beugung verschwindend gering. Bei Wellenlängen unter etwa 3 cm (Schwingungszahlen über 10 000 Hz) sinkt daher die Schallstärke am abgewandten Ohr schon bei sehr kleinem Seitenwinkel praktisch auf Null.

Hat die Bildwand eines Kinos gemäß der üblichen Faustformel eine Breite von des Abstandes der letzten Reihe, so erscheint die Seitenkante aus der letzten Reihe unter einem Winkel von 5° gegen Mittelrichtung. Für Zuhörer in der Saalmitte beträgt der Winkel dann 10°, also das dreifache des unter Laboratoriumsbedingungen bestimmten Schwellenwertes. Es ist daher in der Praxis keineswegs störend, wenn in diesem Falle die Schallquelle in der Bildmitte sitzt. Die Verdoppelung bzw. Verdreifachung der Bildbreite, wie sie das Cinema-Scope- bzw. Cinerama-Verfahren einführte, läßt aber die Unterschiede zwischen Blickrichtung zu einem Schauspieler und der Gehörrichtung zum Lautsprecher störend in Erscheinung treten. Bei einer so wesentlichen Änderung des Bildformats, wie sie durch diese beiden Verfahren herbeigeführt wird, muß man daher auch der Veränderung der akustischen Verhältnisse Rechnung tragen. Nur bei verhältnismäßig schwacher Bildverbreiterung, wie z. B. beim Plastorama-Film, kann man es vielleicht gerade noch verantworten, den bisherigen „einkanaligen" Ton beizubehalten.

H. JENSEN, 'Der plastische Ton im plastischen Film', *Die Umschau*, 13. Heft, 55. Jahrg., S. 385.

INDEX

PRINTED IN
GREAT BRITAIN
AT THE
UNIVERSITY PRESS
OXFORD
BY
CHARLES BATEY
PRINTER
TO THE
UNIVERSITY